HISTOIRE ANECDOTIQUE

DE LA

COLLABORATION

AU THÉATRE

POISSY. — TYP. ET STÉR. DE AUG. BOURET.

HISTOIRE ANECDOTIQUE

DE LA

COLLABORATION

AU THÉATRE

PAR

J. GOIZET

L'UN DES DEUX AUTEURS

DU DICTIONNAIRE UNIVERSEL DU THÉATRE EN FRANCE
ET DU THÉATRE FRANÇAIS A L'ÉTRANGER

PARIS

AU BUREAU DU DICTIONNAIRE DU THÉATRE

23, BOULEVARD POISSONNIÈRE, 23

ET CHEZ LES LIBRAIRES

1867

HISTOIRE ANECDOTIQUE
DE LA
COLLABORATION AU THÉATRE

CECI N'EST PAS UNE PRÉFACE

Collaboration et Collaborateurs

La collaboration!... quel vaste titre !

Existe-t-elle ?

Où commence-t-elle ?

Où finit-elle ?

Que faut-il entendre par collaboration et collaborateurs ?

La collaboration est-elle utile ou nuisible au progrès des arts, etc., etc., etc. ?

Telles sont les questions que l'on se pose à la lecture d'un pareil titre, questions que l'on n'est pas toujours sûr de résoudre, mais qu'il est toujours possible d'étudier, autant dans l'intérêt de la science que pour la moralité de la littérature.

Plusieurs écrivains ont déjà essayé d'apporter quelque clarté dans les ténèbres qui environnent les collaborations, les uns au point de vue comique, d'autres au point de vue satirique; mais les uns et les autres, critiques et auteurs dramatiques, dans des articles trop courts, ou dans des pièces trop peu sérieuses, n'ont fait qu'effleurer cette grave question qui reste encore à traiter consciencieusement.

La collaboration existe !!!

Elle existe de fait, de droit, de tout temps et par principe; elle est la base de l'harmonie de la nature. Les éléments collaborent entre eux pour en maintenir l'équilibre; la terre collabore avec le grain que l'on jette dans son sein pour produire la gerbe, qui, collaborant avec l'industrie de l'homme, produit le premier comme le plus nécessaire des aliments.

Tout est collaboration dans la nature, dans les arts, dans l'industrie, dans la procréation de l'espèce humaine et de la gent animale; collaboration avouée ou non, volontaire ou incidente, l'homme ne produit rien seul, rien avec rien; cette faculté n'a été réservée qu'à Dieu.

Si l'homme ne produit rien seul, la collaboration est donc de principe divin, d'origine céleste, de volonté surhumaine. Cette nécessité de se rapprocher, de s'unir pour produire, a créé la société; la société devait créer l'association.

Mais s'il est de fait que la collaboration existe partout et dans tout, il ne suffit pas de constater l'existence de ce phénomène. — Il faut encore en chercher la cause mystérieuse, et la définir.

C'est ce que nous allons essayer de faire.

Et d'abord, nous ne nous occuperons pas de cette

collaboration générale de l'homme en société, qui fait des ouvriers les collaborateurs de l'architecte ou du patron qui les dirige. Ceux-ci donnent le plan ou l'idée, mais ils seraient fort embarrassés de l'exécution, s'il leur fallait employer l'outil pour la mise en œuvre, ou pour extraire la matière première.

Nous ne nous attacherons qu'au sens que la langue donne généralement au mot collaboration, c'est-à-dire à la réunion de deux ou de plusieurs personnes pour la création, l'achèvement ou le perfectionnement d'une œuvre littéraire. Comme, en littérature, le genre qui absorbe le plus de collaborateurs est le genre dramatique, nous nous occuperons plus spécialement de la collaboration théâtrale, sans toutefois renoncer aux autres genres lorsqu'ils viendront à l'appui de notre raisonnement.

Nous ne pouvons dissimuler au lecteur que, dans le cours de notre travail, nous toucherons à bien des questions de principe qui demanderaient, pour être suffisamment développées, chacune au moins un volume. Telles sont celles des priviléges[1], de la jurisprudence dramatique, de la société des auteurs, de la propriété littéraire, etc.; mais ne voulant pas dévier de la route que nous nous sommes tracée, nous ne ferons qu'effleurer ces questions, quitte à les reprendre plus tard, si le succès couronne nos espérances.

Nous diviserons donc la collaboration en cinq parties ou espèces différentes, afin d'apporter un peu de clarté dans nos recherches. Nous traiterons :

1º De la collaboration entre talents de même nature;

2º De la collaboration entre talents de nature différente;

3º De la collaboration anonyme;

4º De la collaboration forcée;

5º De la collaboration factice.

---

[1]. Ceci était écrit avant le décret qui a proclamé la liberté des théâtres.

PREMIÈRE PARTIE

Collaboration — Talents de même nature

I

La collaboration première, pure et simple, loyale surtout, est celle de deux ou plusieurs auteurs qui, causant ensemble, disent presque simultanément : voilà une idée, un sujet qui serait bon à traiter ; puis qui discutent ensemble le plan, la division, le récit, le dialogue, changeant, mettant chacun son mot, tour à tour, souvent en même temps, et arrivant à la fin de leur œuvre sans qu'il soit possible à l'un ou à l'autre de dire : ceci est de moi, cela est de toi, mais bien cela est de nous. Telle est la collaboration de Duvert et Lauzanne, de Lefranc et Labiche, des frères Cogniard, et généralement des premiers auteurs de vaudevilles, auteurs insoucieux qui, lorsqu'ils étaient en fonds, déjeunaient bien, buvaient mieux, puis, entre deux verres et un éclat de rire, trouvaient une idée, faisaient un couplet, lançaient un bon mot, lesquels recueillis, classés, transcrits, corrigés, émondés, épurés, constituaient quelquefois une œuvre spirituelle, gaie, intéressante et applaudie.

Là, la sympathie, la cordialité, les épanchements sincères d'hommes jeunes, instruits, que l'ambition n'avait pas encore atteints, permettaient à cette collaboration d'être franche et sincère. Le couplet, commencé par l'un des deux, trouvait le vers qui lui manquait presqu'avant qu'il n'eût été demandé, comme prévu ou créé par un rapport électrique. C'est que, dans le moment de ces heureuses collaborations, les hommes étaient désintéressés ; c'est que Servières n'était pas encore maître des requêtes, que Creuzé de Lesser n'était pas encore préfet, comme plus tard M. Mazères; c'est que les vaudevillistes n'étaient pas millionnaires, membres de l'Académie, ayant châteaux ou maisons de campagne; c'est que si, par hasard, Ségur aîné restait grand maître des cérémonies, il ne dédaignait pas de venir à l'estaminet pour se délasser de son cérémonial avec son frère Ségur, *sans cérémonie*.

Un mot pour expliquer ce mot. Un solliciteur demandait une place à M. de Ségur. Par erreur, ou par ignorance, il adressa sa demande à Ségur jeune qu'il traitait de grand maître des cérémonies; celui-ci lui envoya un billet de spectacle avec ces lignes : « *Monsieur, vous me demandez une place, je vous en envoie deux. Tout à vous,* SÉGUR, *sans cérémonie.* »

Ce genre de collaboration, qui prit naissance avec la création du théâtre du Vaudeville, s'est perpétué avec tant de persistance, qu'il semble à présent presque impossible de produire une de ces œuvres légères si aimées de nos pères, sans se mettre à deux ou trois, comme si, moins l'œuvre a de portée et d'étendue, plus il lui faut de parrains.

Aussi lorsque l'on voit le nom de quelques vaudevillistes connus briller seul sur l'affiche, au dessous d'une pièce nouvelle, tels que Clairville, Labiche, etc., le public est toujours disposé à lui en adjoindre un autre. A Clairville, on ajoute Jules Cordier ou Dumanoir; à Labiche, Lefranc ou Marc Michel, et ainsi de suite, et, ce qu'il y a de singulier, c'est que cela est presque toujours juste.

Quelle est donc la cause qui a fait faire ces petites pièces par tant d'auteurs? qui les fait signer de tant de noms? La voici: le vaudeville, qui mêle la satire à la chanson, est une œuvre presque toujours de circonstance; il est au théâtre ce que la caricature est à la peinture; le théâtre se donne pour mission de fronder les ridicules, de sténographier les nouveautés de la mode, de l'histoire contemporaine et morale, quelquefois de célébrer les victoires, de chanter les douceurs de la paix, enfin d'être la chronique vivante et au jour le jour de tous les bruits, de tous les cancans, de toutes les sottises, de ce qui est vrai, de ce qui est faux : ce genre de pièces doit être fait vite, appris vite et joué plus vite encore, puisqu'il est oublié de même.

La dénomination même en est la preuve. Que nommait-on vaudeville, à la fin du règne de Louis XIV ? Une anecdote qui courait les rues. Et les critiques du temps disaient souvent en parlant d'une pièce de Dancourt ou de Legrand : « Cette pièce est bâtie sur un vaudeville du jour; » et pourtant cette pièce était une comédie en prose ou en vers. Mais comme la plupart du temps elle était terminée par un divertissement, c'est-à-dire, un couplet que chaque personnage chantait à la fin de la pièce, avec ou sans accompagnement de danses, la pièce faite sur un vaudeville a été appelée du même nom.

On comprend donc que ce genre de pièces, dont tout le succès est dans l'actualité, ait besoin d'être promptement composé, promptement appris, et que la réunion, le concours de plusieurs personnes pour en activer la mise au jour soit nécessaire.

II

Nous disions tout à l'heure que ce genre de collaboration avait pris naissance avec le théâtre du Vaudeville; ce n'est pas qu'elle n'existât avant, mais alors, au lieu d'être la règle, ce n'était que l'exception.

La première collaboration de ce genre que nous rencontrions dans les annales du théâtre est celle de Leclerc et Coras, pour leur tragédie d'*Iphigénie* qu'ils osèrent faire jouer sur le Théâtre Français, six mois après le chef-d'œuvre de Racine; mais la pièce imprimée ne porte que le nom de Leclerc, ce qui n'empêche pas l'épigramme suivante, attribuée à Racine, de subsister :

> Entre Leclerc et son ami Coras,
> Tous deux auteurs rimant de compagnie,
> N'a pas longtemps s'ourdirent grands débats
> Sur le propos de leur *Iphigénie.*
> Coras disait : « La pièce est de mon crû. »
> Leclerc répond : « Elle est mienne et non vôtre. »
> Mais aussitôt que l'ouvrage a paru,
> Plus n'ont voulu l'avoir fait l'un ni l'autre.

Plus tard Dominique, Romagnesi et Riccoboni, tous trois acteurs et auteurs de la Comédie Italienne, et tous trois aussi fils d'acteurs-auteurs, se sont souvent réunis pour produire, en temps utile, soit une parodie, soit un vaudeville du jour, et de leur nombreux bilan dramatique, ce n'est pas la partie la moins curieuse ni la moins amusante. Mais aussi, chacun d'eux a produit un certain nombre de pièces seul, et on peut, avec un peu d'étude, juger le genre auquel ils étaient le plus aptes, quelle était la nature de leurs talents et conséquemment quelle pouvait être dans leurs pièces collectives la part de collaboration.

Après eux, la Comédie Italienne, devenue depuis le théâtre Favart, nous fournit quelques exemples de collaboration continue ; Laffichard et Valois-d'Orville, Favart et Voisenon, Piis et Barré, continuèrent ces dualités littéraires si amusantes dans leurs folles, tendres ou naïves élucubrations.

Laffichard, dont rien ne restera sans doute, que sa tragédie burlesque de l'*Enlèvement d'Hélène*, et dont on disait alors :

> Quand l'afficheur afficha Laffichard,
> L'afficheur affichait un poëte sans art,

n'en a pas moins composé une vingtaine de pièces qui obtinrent du succès dans leur nouveauté.

Favart, poëte gracieux et qui certes a prouvé

qu'il pouvait se passer de collaborateurs, a néanmoins souvent travaillé avec l'abbé Fusée de Voisenon, malgré les dénégations de ce dernier. Les pièces qu'il a publiées sous le nom de sa femme, (car pour notre part nous n'avons jamais eu une grande confiance dans la qualité d'auteur que prenait cette actrice), passent pour devoir beaucoup à la collaboration du sémillant abbé ; on fit même, à propos d'*Annette et Lubin*, courir la chansonnette suivante.

> Il était une femme,
> Qui pour se faire honneur,
> Se joignait à son confesseur ;
> Faisons, dit-elle, ensemble,
> Un ouvrage d'esprit ;
> Et l'abbé le lui fit.
>
> —
>
> Il cherche en son génie,
> De quoi la contenter ;
> Il l'avait court pour inventer.
> Prenant un joli conte,

Que Marmontel ourdit,
Dessus il s'étendit.

On prétend qu'un troisième,
Au travail concourut,
C'est Favart qui les secourut ;
En chose de sa femme,
C'est bien le droit du jeu
Que l'époux entre un peu.

Fraîcheur, naturel, grâce,
Tendre simplicité,
Tout cela fut du conte ôté ;
On mit des gaudrioles,
De l'esprit à foison,
Tant qu'il fut assez long.

A juger dans les règles,
La pièce ne vaut rien,
Et cependant elle prend bien ;
Lubin est sûr de plaire,
On dit qu'Annette aussi
En tire un bon parti.

Mais si la vaine gloire
Des auteurs s'emparait,
Le public, sots les nommerait :
Monsieur Favart, sa femme,
Et brochant sur le tout,
Avec eux l'abbé fol.

III

Piis et Barré, chansonnés par Sedaine, mal vus de la Comédie Italienne à laquelle pourtant ils avaient fait gagner beaucoup d'argent, se lassèrent des dédains et de la lésinerie d'un théâtre qui leur devait bien quelque considération ; ils fondèrent un théâtre spécial pour y exploiter leur littérature facile, comme dirait M. Nisard.

Le théâtre du Vaudeville, ouvert le 12 janvier 1792, ne semblait pas fait pour exploiter la collaboration.

La pièce d'ouverture, les *Deux Panthéons*, est de Piis seul. Les bibliographes en accordent bien une part à J. M. Deschamps, qui fut secrétaire des commandements de l'impératrice Joséphine, mais rien ne le prouve. Suivons les commencements de ce théâtre, nous trouverons : *Nicaise*, de Léger, l'*Isle des Femmes*, du même, la *Revanche forcée*, de Deschamps, les *Mille et un Théâtres*, de Desfontaines, l'*Auteur d'un moment*, de Léger, le *Prix*, de Radet, *Adèle et Didier*, de Boutillier, le *Petit Sacristain*, de Demautort, et les *Limousins*, de Piis. Ainsi, nous voici arrivé au mois d'avril, dix pièces nouvelles ont déjà été représentées, et pas une collaboration ne s'est montrée.

Mais le 9 avril 1792, *Arlequin afficheur*, par Barré, Radet et Desfontaines, vient avec un immense succès refaire comme une seconde ouverture à ce théâtre. Cette heureuse pièce servira de prologue et d'annonce à toutes les autres pendant plus de vingt ans, et, pendant plus de vingt ans, ces trois auteurs viendront donner des pièces charmantes qui feront la vogue et la fortune du petit enfant malin, ainsi qu'on était convenu à cette époque d'appeler le théâtre du Vaudeville, ou mieux le genre qu'il exploitait, et cela par rapport au vers de Boileau, longtemps mis sur son affiche :

Le Français, né malin, créa le vaudeville.

Comme nous l'avons dit, Barré avait, avec Piis, donné un grand nombre de pièces à la Comédie Italienne, et le public, qui n'abandonne jamais l'occasion de dire un bon mot, même aux dépens de la vérité, disait alors que, dans les pièces de Piis, il y avait beaucoup de choses *à Barré*.

Au nouveau théâtre, Barré continua de coopérer à beaucoup de pièces, mais nous n'en avons pas trouvé une qui soit signée de lui seul.

Radet, lui, en avait déjà donné plusieurs qui avaient obtenu du succès. Il continua d'en faire avec le même succès, mais comme, pour quelques-unes de ces dernières, il avait un collaborateur anc-

nyme, madame Kennens, les critiques disaient
« que la part de Radet était continuellement fournie
par cette dame. » Pourtant, s'il faut en croire le catalogue des agents des auteurs, madame Kennens,
morte en 1841, n'aurait eu part qu'à cinq pièces de
Radet : le *Dîner au pré Saint-Gervais*, avec madame
Liérive en troisième, *Ida* ou *Que deviendra-t-elle?* les
Préventions d'une Femme, une *Nuit d'Arlequin à
Bagdad*, et les *Amants sans amour*.

Fouques, dit Desfontaines, avait aussi beaucoup
travaillé seul et avait commencé bien avant Radet.
Le Théâtre Français, l'Opéra, la Comédie Italienne
avaient représenté bon nombre de ses pièces, ce qui
fait que Babault, dans ses *Annales dramatiques*, a
fait deux auteurs du Desfontaines qui travaillait
seul et du Desfontaines du Vaudeville. Ce dernier
théâtre continua de donner des pièces de lui seul,
mais elles étaient moins bonnes et eurent moins de
succès que celles dues à la collaboration du joyeux
trio.

Quelquefois, cette triple collaboration ne suffisait pas, dans le moment où il fallait célébrer une victoire ou écrire une pièce de circonstance. Alors Piis se mettait en quatrième, comme dans : *Gilles garnement* ou le *Ballon Biron*, le *Retour du ballon de Mousseaux*, la *Vallée de Montmorency*, *Arlequin beau-fils*, parodie d'*Ophis*, *Voltaire* ou une *Journée de Ferney*, etc., etc. Pour le *Pari*, ils étaient cinq : avec nos trois auteurs, il y avait Deschamp et Després. Pour la *Fin du Monde* ou *la Comète* (on croyait déjà à la fin du monde par une comète à cette époque), ils prirent cinq collaborateurs : Aubin-Desfougerais, Bourgueil, Buhan, Piis et Duault. Pour la *Girouette de Saint-Cloud*, ils s'adjoignirent Bourgueil, Dupaty et Séguier; pour les *Otages*, les deux derniers; pour *M. Guillaume*, Bourgueil ; et pour l'*Hommage du petit Vaudeville au grand Racine*, Coupigny avait quitté ses romances et sa ligne de pêcheur pour faire, avec Piis, cinq collaborateurs.

A propos de Coupigny, voici comment on écrit

l'histoire dramatique. Ceux qui sont censés la savoir, ou qui devraient le mieux la connaître, en parlent réellement comme un aveugle des couleurs. M. Jules Lecomte, qui signait ses premiers courriers de Paris, dans le *Monde illustré*, du pseudonyme d'André, écrivait de Coupigny, dans le numéro 8 de ce journal, à propos des personnes qui fréquentaient le foyer du Théâtre-Français : « Poëtereau de romances, célèbre parasite, ce fut lui qui disait à la mort de mademoiselle Mars : « C'est étonnant qu'elle ne » m'ait rien laissé, à moi qui, pendant si longtemps, » ai pris la peine d'aller dîner tous les huit jours » chez elle. » Je cite de mémoire, peut-être pas textuellement, mais le sens est exact. Eh bien ! Coupigny n'était pas, pour son époque, un poëtereau ; il avait une grande réputation dans un genre frivole, et ses productions, très-connues, étaient dans tous les salons et sur tous les pianos. Ce n'était pas non plus un parasite. Coupigny était assez riche et il quitta une place de sous-chef au ministère, pour un mot mal sonnant que lui dit un nouveau ministre. Enfin, mademoiselle Mars est morte le 20 mars 1847, et Coupigny était mort le 16 juillet 1835, douze ans avant, exprès peut-être pour faire une niche à M. Jules Lecomte.

IV

Revenons à nos collaborations du Vaudeville

Pour la petite guerre qui eut lieu en 1801 contre les auteurs du théâtre Favart, dont Étienne était le chef, ce ne fut pas trop de tous les membres de la société, dite des Dîners du Vaudeville. Les pièces se succédèrent avec une rapidité prodigieuse et nous trouvons : *Enfin, nous y voilà!* la *Tragédie au Vaudeville*, *Après la confession, la pénitence*, composées par nos trois auteurs (Barré, Radet et Desfontaines), avec Demautort, Despréaux le danseur, mari de mademoiselle Guimard, lequel n'avait pas tout son esprit dans ses jambes, Dupaty et le vieux Laujon.

En parlant de Laujon, lorsque ce bon et gai vieillard, toujours chantant, vint à mourir (c'était en 1811), le théâtre lui fit les honneurs d'un vaudeville où tout le Caveau prit part; et la pièce *Laujon de retour à l'ancien Caveau*, a pour auteurs : Barré, Brazier, Cadet-Gassicourt, Alissan de Chazet, Coupart, Demautort, Désaugiers, Ducray-Duminil, Étienne de Jouy, Fouques, dit Desfontaines, A. Gouffé, Jacquelin, Leroi d'Allarde, dit Francis, Longchamps, Mercier-Dupaty, Moreau de Commagny, Nioche de Tournay, Ourry, Philippon de la Madeleine, Piis, Théaulon, Balisson de Rougemont, Baconnière de Salverte et Radet.

Ouf!!! vingt-quatre auteurs pour un acte, et nous avons vu plus fort que cela.

Déjà, au théâtre des Troubadours, ils s'étaient mis onze pour le vaudeville de *Monsieur de Bièvre* ou l'*Abus de l'esprit;* ces collaborateurs furent nommés dans un couplet par Léger, auteur, acteur et directeur de ce théâtre. Voici le couplet :

> L'ouvrage que vous avez applaudi,
> Citoyens, est de Dupaty,
> Aidé de ses amis.
> En voici la liste ouverte :
> D'abord Luce avec Salverte
> Et Coriolis,
> De plus Creuzé,
> Gassicourt, Legouvé,
> Monvel fils, Longperrier ;
> Je crois en oublier.
> Ah! vraiment, citoyens, c'est
> C'est Alexandre et Chazet.

Onze auteurs, c'est déjà bien gentil, et quels auteurs! Mercier-Dupaty, plus tard de l'Académie française; Luce de Lancival, l'auteur de la tragédie d'*Hector;* Baconnière de Salverte, député et publiciste distingué; Coriolis de Lespinasse, poëte mort trop jeune; Creuzé de Lesser, l'auteur d'*Amadis*, des *Chevaliers de la Table ronde*, du *Sceau enlevé*. poëmes écrits avec facilité et esprit; Cadet-Gassicourt, le savant pharmacien; Legouvé, l'auteur du *Mérite des Femmes* et de la *Mort d'Abel;* Monvel, le frère de mademoiselle Mars et l'auteur d'une tragédie de *Junius;* Prévost de Longperrier, le savant numismate; le comte Alexandre de Laborde, de l'Académie des sciences; et le vaudevilliste Alissan de Chazet, que l'on trouve partout, ce qui l'avait fait surnommer l'Inévitable.

Et ces onze personnages, faisant des calembourgs, passèrent une nuit pour donner le jour à un second vaudeville : *Christophe Morin* ou *Que je suis fâché d'être riche;* et Aubertin, acteur de ce théâtre, et depuis auteur de plusieurs pièces, vint annoncer les coupables dans ce couplet, sur l'air de *Monsieur de Catinat :*

> Citoyens, les auteurs de Christophe Morin,
> Ont pour Bièvre déjà mis la plume à la main ;
> Ajoutez à leurs noms, sur les noms déjà lus,
> Alexandre de moins, Léger, Mautort de plus;

Comment peut-on ajouter un nom de moins? C'est ce que nous n'avons jamais bien compris. Ces auteurs pouvaient être très-forts comme académiciens; mais comme vaudevillistes, jamais!

Pendant que nous en sommes sur les pièces qui ont un grand nombre de collaborateurs, mentionnons-en encore deux; en 1834, le 24 juin, le théâtre des Variétés faisait représenter une revue-vaudeville en un acte, intitulée la *Tour de Babel*, dont le produit devait grossir la caisse de la société des auteurs dramatiques et qui n'avait pas moins de trente-six auteurs.

La censure, qui avait déjà supprimé un grand nombre de scènes, supprima la pièce après la dixième ou onzième représentation.

Lhérie jeune, acteur et auteur, vint après la pièce chanter un couplet de facture dans lequel il en nomma vingt-neuf, ajoutant que les autres gardaient l'anonyme.

Ce couplet, qui était, croyons-nous, toute sa part

de collaboration, n'est pas imprimé dans la brochure, mais on le trouve dans le *Constitutionnel* du 27 juin. Ce journal, qui n'était pas ménagé dans la pièce (Alexandre Dumas ayant fait une scène entière contre lui, pour se venger de la critique qu'il avait faite d'*Antony*), ce journal crut de bon goût de ne pas avoir peur de la parodie et publia un compte-rendu favorable de la pièce et le couplet au public que voici :

> Messieurs, la pièce nouvelle,
> Que nous avons eu l'honneur
> D'offrir, en doublant de zèle,
> Au parterre connaisseur,
> Cette œuvre presque sublime
> Qu'on vient d'applaudir ici,
> Est l'enfant très-légitime
> Des trent' six pèr's que voici ;
> Messieurs Adam [1] ;
> Dumersan
> Et Mallian,

---

1. Adolphe Adam, le compositeur, pour quelques airs.

Les Cogniard
Et Blanchard,
Et Lafargue et Courcy,
Barthélemy,
Dutlot,
Deslandes et Chabot,
Et Dumas, et Brazier,
Saint-Georges et Didier,
Puis Lherick
Et Brunewick,
Roche, Anicet Bourgeois,
Aude, Achille Dartois,
Jaime, Alboize, Dupin,
Langlet [1]. Adolphe [2], enfin,
Dumanoir, Rochefort,
Et bien d'autres encor
Qui gardent l'anonyme.

Dans ce même compte rendu, le journaliste cite un autre couplet qu'il tient, dit-il, de l'auteur, et que la

1. Langlet est mis pour la versification, c'est Ferdinand Langlé.
2. Adolphe, c'est M. Dennery.

censure a supprimé; nous le donnons à titre de renseignement.

>
> A ce grand seigneur,
> Qui procure des croix d'honneur,
> Offrez quelque présent flatteur
> Et vous aurez la préférence !
> A ce chef de bureau
> Qui vous marchande un beau
> Vaisseau,
> Offrez demain
> Un pot-de-vin ;
> Vous toucherez sa conscience !

Plus récemment, en 1853, le théâtre des Délassements se trouvait sans directeur. Les artistes réunis en société (c'était en plein été), n'avaient pas de pièces nouvelles. Sur la proposition des frères Gabet, et sur leur plan, plusieurs auteurs se réunirent pour faire à ce théâtre une revue dont le produit appartiendrait à la troupe, et, le 12 juillet, on représenta les *Moutons de Panurge*, par MM. Adenis, Arnault,

Th. Barrière, A. Beraud, Boyer, Clairville, Choler frères, Cogniard frères, J. Cordier, A. Decomberousse, A. Decourcelle, Dumanoir, Gabet frères, Hostein, Jallais, Judicis, P. de Kock, de Léris, E. Martin, A.-H. Monnier, Plouvier, Ch. Potier, Rimbaut, Salvador Tuffet et Samson, en tout vingt-huit auteurs, mais chacun presque avait fait sa scène. Ce n'était déjà plus notre bonne et franche collaboration d'autrefois, cette spirituelle trinité, Barré, Radet et Desfontaines, demeurés amis intimes jusqu'à leur mort[1], car à l'âge de soixante-dix ans ils composaient encore des pièces pleines de verve, d'esprit et de gaieté.

C'est en parlant de ces trois auteurs, qu'Étienne

---

[1]. Ils se suivirent d'assez près dans la tombe :

Guillaume-François Fouques, dit Desfontaines, est mort le 21 novembre 1825 ;

Jean-Baptiste Radet, le 17 mars 1830 ;

Pierre-Yves Barré, le 3 mai 1832 ;

Antoine-Pierre-Augustin de Piis, le 22 mai 1832.

Arago, leur successeur à la direction du Vaudeville, disait :

> La trinité dont on rit sur la terre,
> Grâce à vous trois n'était plus un mystère;
> Peines, plaisirs, tout vous était commun,
> Vous étiez trois et vous ne formiez qu'un.

Notre intention n'est pas de mentionner toutes les pièces faites en collaboration depuis cette époque : il nous faudrait écrire l'histoire de tous les théâtres depuis 1791 ; mais nous citerons les collaborations les plus continues, celles qui avaient un cachet d'Oreste et Pylade, dont l'amitié, l'intimité, la sympathie formaient la base, ainsi Deschamps et Desprez, Dieulafoy et Gersin, Pain et Bouilly, Désaugiers et Gentil, Carmouche et Courcy, Ancelot et Saintine, ou Ancelot et Decomberousse, Armand Dartois et Théaulon, Fulgence de Bury et Wafflart, Dupeuty et Vallou de Villeneuve, Duvert et Lauzanne,

Varin et Desvergers, Brazier, Dumersan et Gabriel, Halévy et Jaime, Lefranc, Labiche et Marc Michel, etc., etc.

Ce n'est pas à dire que ces auteurs ne travaillaient ou ne travaillent qu'ensemble. Certes, ils se font bien quelques infidélités, mais le plus grand nombre de leurs pièces, c'est ensemble qu'ils les ont créées; et que penserait le spectateur, si l'on lui nommait Lauzanne sans Duvert?

J. Pain et Bouilly, qui ont fait ensemble de très-jolies pièces, avaient composé *Fanchon la vielleuse*, qui obtint un grand succès. Cette pièce en fit naître un grand nombre d'autres qui furent loin de la valoir; aussi disait-on alors que « *Fanchon n'eût pas tant maigri, si jamais elle ne se fût nourrie que de Pain et de Bouilly.* »

Les pièces de Désaugiers et Gentil eurent presque toutes du succès, mais lorsque l'on vit le nom de Gentil tout seul sur la pièce des *Petites Danaïdes*, le public y ajouta celui de Désaugiers, et cela était vrai. Désaugiers, comme directeur du théâtre du Vaudeville, et frère de l'auteur de l'Opéra des *Danaïdes*, n'avait pas voulu en signer la parodie; néanmoins on l'avait reconnu et l'on disait depuis longtemps : « Dans les pièces de Désaugiers et Gentil, tout ce qu'il y a de *gentil* est de Désaugiers. »

V

Résumons-nous au sujet de ce premier genre de collaboration : collaboration avouée et avouable de deux hommes à peu près égaux en talent, en esprit de même nature, tels que, par exemple, les frères Cogniard, ces jumeaux siamois du vaudeville. Cette collaboration qui lie deux hommes pour la vie, qui produit des œuvres, légères il est vrai, mais gaies, vives, spirituelles, et surtout les crée presque intantanément pour qu'elles puissent se produire utilement, cette collaboration, disons-nous, est honorable et sympathique. Et, ne nous y trompons pas, au théâtre comme dans les autres genres de littérature, dans les arts, dans l'industrie, tout ce qui est honnête plaît et réussit bien mieux. L'artiste de mœurs irréprochables est plus estimé du public; deux auteurs que l'on est habitué à entendre nommer ensemble trouvent plus d'indulgence; réputation et succès leur font rarement défaut.

Une dernière preuve de cette amitié entre deux collaborateurs nous sera fournie par Piis et Barré. Le premier, quoique fondateur du Vaudeville, croyant avoir à se plaindre, sinon de Barré, du moins des actionnaires, se sépara et fonda un théâtre rival sous le nom de théâtre des Troubadours. Ce théâtre eut peu de succès et disparut en moins d'un an. Piis voulut alors rentrer dans sa pension de quatre mille francs qu'il avait au Vaudeville; les actionnaires refusèrent, il plaida et perdit son procès. Barré était au nombre des actionnaires comme directeur; Piis lui adressa les reproches suivants, dans lesquels, au milieu d'une poésie pleine de cœur et de sentiment, on voit encore briller toute la bienveillance de l'ami. Ces stances, quoique connues, sont assez jolies pour que nous ne craignions pas de les offrir à nos lecteurs.

MES DERNIERS REPROCHES A MON AMI.

Euryale a-t-il fui Nysus?
Pylade oublia-t-il Oreste?
Et Thésée à Pyrithoüs
Réserva-t-il un sort funeste?

Que réponds-tu pour ton pardon,
Lorsqu'un ami de trente années
Te reproche ses destinées,
Qu'empoisonna ton abandon?

Des étrangers au cœur de marbre
D'auprès de toi m'ont écarté,
Et dévorent le fruit de l'arbre
Que pour nous deux j'avais planté.

Cruel ami, qu'il te souvienne
Que nos deux noms n'en faisaient qu'un,

Et que cent fois, avec la tienne,
J'ai mis ma pensée en commun.

Thémis trompée a pu dissoudre
Des actes, garants de mes droits ;
Mais Thémis n'a pu mettre en poudre
Des serments faits à demi-voix.

Je devais, selon ta promesse,
Vivre libre dans mes penchants ;
Le calme et le plaisir des champs
Auraient rafraîchi ma vieillesse.

Mais, loin de là ! Ma muse en deuil
Sera des cités habitante,
Et le travail, jusqu'au cercueil,
Fatiguera ma main tremblante,

Heureux de perdre alors le jour,
Puisque j'aurai l'expérience
Que l'amitié, comme l'amour,
A, tôt ou tard, son inconstance !

DEUXIÈME PARTIE

COLLABORATION

entre talents de natures différentes

VI

Passons au second genre de collaboration, c'est-à-dire à la collaboration de deux talents de nature différente; cette collaboration, aussi avouable, aussi loyale que la précédente, quoiqu'elle rentre moins dans l'étymologie du mot *cum*, avec, et *laborare*, travailler; qui signifie donc travailler avec une ou plusieurs personnes, est du moins plus utile et conséquement plus importante ; là, chaque collaborateur a sa part à peu près distincte, et nous sommes presque forcé de diviser cette collaboration en plusieurs parties pour en bien faire comprendre la nécessité.

Il y a donc la collaboration pour les ouvrages polyonymes et celle des ouvrages ordinaires, où, sans être aussi tranchée, la part de chacun n'en reste pas moins un fait connu et la plupart du temps avoué, lors même qu'il n'est pas signé.

Parmi les ouvrages polyonymes, la collaboration la plus étendue est la plus nécessaire. Tout le mérite d'un ouvrage de ce genre résulte du plus grand nombre de collaborateurs, et parmi ces ouvrages, nous devons principalement placer les journaux, les encyclopédies, les biographies, les dictionnaires, etc.

Dans ces sortes d'ouvrages, les connaissances les plus variées en formant la base, et l'homme le plus érudit, si savant qu'il soit, ne les possédant pas toutes au même dégré, il devient évident que plus il viendra se grouper de spécialités autour de l'œuvre, et, si elle est vaste, de spécialités secondaires dans chaque spécialité, plus le mérite des documents réunis en faisceau, des notes positives, des faits exacts, des appréciations justes, ne fera que s'accroître de toute la supériorité que chaque collaborateur aura acquise dans plusieurs années de patientes et laborieuses études.

Les journaux sont les premiers de ces ouvrages où la collaboration se soit montrée avec avantage. Alors qu'ils n'étaient que littéraires et artistiques, l'un critiquait ou analysait la littérature, un autre le théâtre; à ce rédacteur, la théologie, à celui-là, les sciences: Diderot fut, je crois, le premier qui rendit compte des expositions de peinture. Et puis, ceux qui n'étaient pas nés pour la critique apportaient leurs pièces fugitives (on s'occupait alors de poésie), un quatrain, une épigramme, un rondeau, un madrigal, un couplet ou une romance. Ces productions étaient non-seulement lues, mais commentées et critiquées. Dans le *Mercure*, on donnait, outre les pièces de vers et les critiques d'ouvrages nouveaux, des contes, des nouvelles, des anecdotes, des pièces de théâtre même. Marmontel y publia une partie de ses contes moraux, Bricaire de la Dixmerie, Villemain d'Abancourt, Garnier et d'autres y ont fourni des proverbes. De cette réunion d'écrivains, dont toutes les productions n'étaient pas des chefs-d'œuvre sans doute, naissait la variété, la diversité, première condition des ouvrages de ce genre.

Lorsque la politique eut envahi la presque totalité des journaux, la même quantité de collaborateurs vint ajouter à l'intérêt de la lecture. L'un a dans ses attributions la question romaine, l'autre celle du Mexique, celui-ci le premier Paris, celui-là la question agricole, le prix des grains et des farines, pour le cours de la Bourse et le bulletin financier. M Eugène d'Auriac a la spécialité des *Éphémérides*, comme M. Léon Gatayes celle des faits hippiques, spécialité qu'il ne devrait jamais quitter, et j'explique pourquoi.

Dans le feuilleton d'un journal de juin 1856, M. Léon Gatayes en rendant compte de la *Marinette*, de M. Édouard Duprez, représentée sur le théâtre des Bouffes Parisiens, compare cette pièce à *Crispin médecin*, ce chef-d'œuvre de *Molière!* Or, je comprends qu'un homme de lettres peut ne pas connaître tous les auteurs dramatiques et les trois cents pièces que l'on joue par an, mais, il n'est pas permis à un homme qui tient une plume d'ignorer Molière et de lui attribuer une pièce de Hauteroche, si bonne qu'elle soit.

Revenons aux journaux et insistons encore sur ce fait qu'un grand nombre de collaborateurs est nécessaire à leur existence ou à leur succès. Tous ceux qui ont essayé de faire un journal seul, ou qui en ont envahi la majeure partie, ont succombé à la peine d'abord, et laissé des productions dénuées d'intérêt et tout au plus semblables aux notes qu'un écrivain amasse pour publier un jour des mémoires. M. Alexandre Dumas, malgré sa prodigieuse imagination et son art de la prolixité, ne parvenait à varier son *Monte-Cristo*, journal rédigé par lui seul, qu'au moyen de traductions, de citations, et de lettres qu'il se faisait écrire ; et malgré toutes les ressources de son esprit, *Monte-Cristo* est allé rejoindre le *Mousquetaire*.

Après les journaux, l'ouvrage dont la pluralité des collaborateurs a fait l'éclatant mérite, c'est l'Encyclopédie, dont d'Alembert, Diderot et Voltaire furent les premiers parrains. Cette œuvre, l'une des plus grandes et des plus utiles conceptions de l'esprit humain, doit son succès à la multiplicité de ses collaborateurs. Il a vieilli, cela est vrai ; le progrès incessant des sciences et des arts, les découvertes sans nombre, les changements de la langue et de la littérature, l'ont rendu insuffisant, mais il n'en reste pas moins le premier ouvrage de son siècle. Et malgré les modernes tentatives des spéculateurs en librairie, les nouvelles encyclopédies, remplies d'articles curieux, savants, instructifs et bien écrits, sont encore loin d'être à la hauteur de la première. Les anciens encyclopédistes étaient de grands écrivains; les nouveaux furent des compilateurs.

Les biographies universelles, et même les biographies spéciales sont dans le même cas. Au lieu de progresser, elles déclinent de jour en jour. La Biographie Didot surtout (si toutes les spécialités de cette biographie sont traitées comme le théâtre), quel piètre recueil n'est-ce pas? Dans la partie dramatique nous pourrions signaler un grand nombre d'erreurs en corrections, rectifications et omissions. Pour ne citer qu'une de ces dernières, au commencement de l'ouvrage, dans la partie ordinairement la plus complète, cherchez Année, Antoine Année, longtemps journaliste, auteur dramatique ayant huit pièces d'imprimées, parmi lesquelles deux figurent dans la suite du répertoire! Eh bien, Année n'y brille que par son absence!

D'où vient que ces biographies, ces encyclopédies sont médiocres? C'est que la spéculation s'est emparée de ces entreprises; on veut aller vite d'abord, dans des travaux où le temps est nécessaire, et gagner beaucoup d'argent. Les collaborateurs, trop peu nombreux et pas assez spéciaux, se chargent par intérêt, plutôt que par amour-propre, d'un trop grand nombre d'articles. Et d'un autre côté, au lieu de confier telle ou telle partie de cette œuvre à l'écrivain modeste et consciencieux qui en aura fait le sujet des études de toute sa vie, on cherche avant tout un écrivain ayant un nom, et qui vous fait payer ses exigences.

Un nom! cette plaie de la littérature de notre époque avec laquelle on produit des œuvres pâles, incolores, sans portée ni durée, qu'importe? On a un nom; le pavillon couvre la marchandise et le littérateur de nos jours, à quelques rares exceptions près, ne travaille plus pour la gloire, mais bien pour l'argent. Il serait facile de multiplier les preuves à l'appui. N'en citons qu'une seule.

Alexandre Dumas écrivait en février 1865, une lettre dont nous donnons le commencement :

« Mon cher Meurice,

» Un jour, vous m'empruntâtes mon nom pour vous rendre un service que ne pouvait vous rendre ma bourse ; je vous le donnai avec pleine confiance, presque avec orgueil, car vous êtes un de ces hommes rares, comme poëte et comme prosateur, dont, les yeux fermés, les premiers d'entre nous peuvent signer les productions.

» Vous fîtes sous mon nom les *Deux Dianes*, l'ouvrage eut du succès, autant et peut-être plus que si je l'eusse fait moi-même, etc. »

Ainsi donc, il est bien convenu que le nom seul, pour un éditeur ignare, a plus de valeur qu'une œuvre bien faite qui n'aurait pas ce nom ; ainsi voilà un écrivain qui, pour avoir un peu d'argent qu'Alexandre Dumas ne pouvait lui prêter, emprunte son nom. Mais qu'aurait-on dit de Michel Ange faisant signer ses tableaux par Raphaël, de J. J. Rousseau empruntant le nom de Voltaire pour son *Contrat social*, de Rudde ou Cortot empruntant le nom de David (d'Angers) pour leurs sculptures? On se révolte à la pensée que P. Corneille aurait pu céder le *Cid* à Richelieu; et voilà que, de nos jours, un écrivain recommandable ne craint pas de renoncer à se faire connaître par son œuvre parce que l'éditeur exige un nom!!

Avec un nom, on est reçu sans être lu, sur parole, et souvent sifflé de même, mais plus souvent applaudi sur ce même nom. Le public, qui n'a plus le temps de s'occuper de littérature, n'y cherche qu'une distraction à ses opérations de bourse ou à ses préoccupations politiques. Les critiques qui, par intérêt ou par impuissance, forment la camaraderie de tout ce qui a un nom, ne viennent plus comme autrefois stimuler l'auteur, et le forcer à se relire, se corriger, se fustiger lui-même.

De là, la nombreuse quantité d'œuvres qui paraît chaque jour et disparaît de même, sans que la majorité des amateurs éclairés connaisse seulement le titre de l'ouvrage. Et cette autre quantité d'œuvres, qui réussit il est vrai, dont on parle avec enthousiasme et qui tombe dans le mépris ou l'oubli dix ans après ! Et pourtant, vienne un architecte habile, que deux ou trois des sommités de notre littérature se mettent à la tête d'une nouvelle Encyclopédie qui manque encore aujourd'hui, que cet arsenal des connaissances humaines soit rédigé par le plus grand nombre de collaborateurs possible, sans aucune pensée d'intérêt, de lucre, comme se fit il y a quelques années le livre des Cent-et-un, et l'on verra ce que peut la collaboration bien dirigée [1].

[1]. Cette idée a été réalisée depuis par l'auteur, aidé de M. Burtal qui s'en est fait le pionnier, et a apporté sa pierre à l'édifice, en se chargeant de la partie biographique dans le Dictionnaire universel du théâtre en France, et du théâtre français à l'étranger et en se faisant l'éditeur de ce grand ouvrage.

VII

Parmi les ouvrages en collaboration où la part de chaque collaborateur reste bien tranchée, il faut classer les pièces en musique. Pour les opéras, les opéras comiques, voire même les opérettes, le librettiste (nous n'osons pas dire le poëte) et le musicien sont vraiment collaborateurs, car il est peu d'exemples d'un homme ayant les deux talents, et quand, par hasard, ils se trouvent chez un même individu, l'un de ces talents étant forcément supérieur à l'autre lui nuit ou même l'annihile.

Jean-Jacques Rousseau est le premier compositeur qui se soit écrit lui-même un libretto, ou, pour mieux dire, le premier auteur qui se soit fait de la musique. Son *Devin de Village*, réprésenté sur le théâtre de l'Académie royale de musique, le 1er mars 1753, eût un succès immense et peut-être mérité, à une époque où les premiers Bouffes Italiens animaient toutes les conversations savantes et critiques des hommes instruits ou des personnes du grand monde.

Le succès de cette pièce nous rappelle un bon mot de Piron, qui n'en était pas avare; entendant beaucoup parler du mérite et de l'accord d'une œuvre dont la musique rendait d'autant mieux l'expression de la poésie, que paroles et musique étaient du même, c'est ce que l'on disait alors, il voulut en juger par l'audition et se trouva malheureusement placé au théâtre à côté d'un de ces sots, fats et prétentieux, comme il s'en trouve encore beaucoup aujourd'hui. Celui-ci fredonnait à l'avance chaque morceau, air et paroles, au risque de gêner ses voisins ou de les priver du plaisir qu'ils venaient y chercher. Piron, impatienté, ne cessait de dire : « *Le sot, l'animal, l'imbécile, si je le tenais!* » et mille autres épithètes. — Est-ce à moi que vous vous adressez ? lui dit le jeune homme. — *Oh! non! monsieur,* lui répondit Piron, *c'est à l'acteur qui m'empêche de vous entendre.*

Depuis Jean-Jacques Rousseau, quelques compositeurs se sont aussi écrit des libretti, mais le nombre en est très-restreint. Nous ne pourrions guère citer que Mondonville qui donna à l'Opéra *Daphnis et Alcimadure*, en patois languedocien, en 1754; Cambini qui donna les *Trois Gascons*, au théâtre Louvois, en 1793; Berton, le célèbre compositeur de *Montano et Stéphanie*, qui écrivit lui-même son libretto de *Ponce de Léon;* B. L. Raymond qui donna au théâtre des Beaujolais *Anacréon* ou *l'Amour dé-*

sarmé, l'*Amateur de musique* et le *Braconnier*, et quelques autres ouvrages moins connus.

Toujours à l'exemple de J. J. Rousseau, quelques poëtes, auteurs de romances, ont fait aussi la musique de ces légères productions; tels sont Frédéric Bérat, Édouard Donvé, Romagnési, Amédée de Beauplan, Plantade, Crével de Charlemagne, et plus récemment encore Pierre Dupont et Desforges qui, quoique moins connu, lui est bien supérieur.

Mais d'abord, remarquons que ces compositions musicales sont loin, bien loin, de pouvoir être comparées à une partition. Le goût, la mémoire ont souvent inspiré à des paroliers un air, fait de phrases musicales prises un peu partout, arrangées, tronquées, allongées ou raccourcies suivant les paroles, puis notées et accompagnées par des compositeurs plus instruits. Ainsi, J. J. Rousseau fut forcé de faire orchestrer son *Devin du Village* par Coignet, si nous ne nous trompons.

Aussi voyons-nous ces poëtes, compositeurs de

romances, renoncer ou échouer dans une partition. Plantade n'a jamais fait aucune parole de ses opéras, Frédéric Bérat a bien composé un vaudeville, la *Polka*, 1844, et Édouard Donvé, un autre, la *Borne du cabaret*, mais tous deux ont renoncé à produire un opéra comique, paroles et musique.

Romagnési, qui avait composé une foule de romances, paroles et musique, a fait deux partitions, mais il s'est bien gardé de les écrire sur un livret de lui, *Nadir et Selim*, en 1822, *Trois jours en une heure*, en 1830, cette dernière avec Adolphe Adam, toutes deux sont bien ignorées aujourd'hui. M. Amédée de Beauplan, après avoir composé un grand nombre de jolies romances, paroles et musique, fit un opéra comique, les *Parents d'un jour*, représenté le 7 novembre 1815, mais la partition était de Benincori. Trente ans après, le 25 octobre 1845, il était compositeur au contraire et donnait la partition de : le *Mari au bal*, dont le livret était d'Émile Deschamps.

Mais ce qui est plus étrange encore, c'est la position artistique de M. Gustave Héquet. Est-il auteur? est-il compositeur? Le 5 mai 1832, il donnait au Vaudeville, avec M. Ancelot, *Madame Duchâtelet*, alors il était vaudevilliste. Le 16 février 1835, il donnait, à Versailles, la partition du *Génie de la Clyde*, opéra comique de M. Carmouche. Il était alors compositeur. Le 6 février 1839, il donnait au théâtre de la Renaissance, avec Desvergers, le *Roi Margot*, dont la musique était de M. Thys, il était alors librettiste. Enfin, il semble depuis être redevenu compositeur, car, le 29 novembre 1847, il faisait exécuter la partition du *Braconnier*, paroles de MM. de Leuven et Vanderburck; le 24 juin 1856, celle de *Marinette et Gros-Réné*, opérette bouffe, paroles de M. Édouard Duprez, et au théâtre de Bade, celle de *De par le Roi*, en 1864, mais jamais il n'a fait de paroles sur sa musique, ou de musique sur ses paroles.

VIII

Ainsi qu'on le voit, toute œuvre dramatique en musique est donc forcément une œuvre en collaboration, entre gens de talents très-différents et qui pourtant doivent naturellement s'entendre. Aussi, es paroliers, comme les appelle M. Castil-Blaze, et les compositeurs se séparent-ils rarement. Lulli ét Quinault, Danchet et Campra, Rameau et Cahusac, Marmontel et Grétry, Marsollier et Dalayrac, Scribe et Auber sont des collaborateurs assidus, et presque oujours heureux. Du jour ou l'affinité d'esprit n'est pas complète, viennent les chutes ; c'est comme un mariage mal assorti, et les épigrammes ne font pas défaut.

En 1690, *Orphée*, opéra de Duboullay, musique des deux fils Lulli, éprouva une chute si profonde que l'on fut obligé de mettre des soldats dans le parterre, pour empêcher de siffler, ou tout au moins pour arrêter les siffleurs. L'on prétend même qu'un amateur peu satisfait chanta au soldat chargé de le surveiller :

> Ne t'en déplaise, fier soldat,
> Qui gardes le parterre,
> Orphée est l'ouvrage d'un fat.
> Malgré ton cimeterre,
> Les vers en sont des plus méchants,
> Et la musique est du temps
> De Jean de Wert.

Ce couplet n'est pas bon ; mais pour un impromptu !..

Le 11 août 1673, M. de Bastide fit représenter un

petit opéra comique intitulé les *Deux Talents*, dont la musique était du chevalier d'Herbain. Le succès ne répondit pas à leur attente, ce qui motiva l'épigramme suivante fondée sur le titre de la pièce :

>Quelle musique plus aride!
>Et quel poëme plus commun!
>Pauvre d'Herbain! pauvre Bastide!
>Vos deux talents n'en font pas un.

Le 26 novembre 1782, Grétry fit représenter à l'Académie royale de musique, l'*Embarras des richesses*, dont les paroles étaient de Lourdet de Santerre, assez mauvais poëte de l'époque. Cet opéra se traîna péniblement pendant quelques représentations, et l'on fit à ce sujet les deux couplets suivants, dans lesquels on remarquera que le compositeur n'est pas mis en jeu.

>On donne à l'Opéra.
>*L'Embarras des richesses*,
>Mais il rapportera
>Je crois fort peu d'espèces.

Cet opéra comique,
Ne réussira pas,
Quoique l'auteur lyrique,
Ait fait son embarras.

—

Embarras d'intérêt,
Embarras de paroles,
Embarras de ballet,
Embarras dans les rôles,
Enfin de toute sorte,
On ne voit qu'embarras,
Mais allez à la porte,
Vous n'en trouverez pas!

Plus heureux que ceux que nous venons de nommer, M. Alexandre Duval, avec le compositeur Dalayrac, donna, le 23 octobre 1800, la jolie pièce intitulée : *Maison à vendre*, dont le succès se soutint près d'un demi-siècle. Le soir de la première représentation, les auteurs et quelques amis communs soupaient chez Carle Vernet. Celui-ci, dès le commencement du repas, prit un air boudeur, fâché, au point qu'Alexandre Duval lui demanda :

— Qu'as-tu donc, Carle ? tu as l'air de mauvaise humeur ! — Parbleu, répondit aussitôt celui-ci, on le serait à moins ; un ami vous invite à aller voir une maison à vendre et l'on ne trouve qu'une pièce à louer...

Le calembourg par préméditation a été, bien à tort, oublié dans le Code pénal, au titre des Crimes et Délits.

La collaboration avait été utile à A. Duval qui, peu de temps après, paya cher la gloriole de vouloir être joué seul. Car, le 17 octobre 1801, ayant fait représenter, au Théâtre Francais, une pièce intitulée : *Maison donnée*, elle n'eut qu'une seule représentation. Quelques jours après, un petit journal adressait ce conseil à Alexandre Duval :

> Maison à vendre eut grand succès,
> Maison donnée eut grande chute,
> A pareil sort pour ne plus être en butte
> Vends toujours, ne donne jamais.

4.

IX

En dehors des ouvrages polyonymes et des ouvrages en musique, nous pourrions encore trouver un troisième genre de collaboration entre talents de nature différente. C'est le cas de l'auteur qui fait sa pièce en prose et qui, dans l'espérance de la faire recevoir et jouer sur un théâtre de vaudeville, prend un collaborateur pour faire les couplets, quand il ne les achète pas tout faits. Nous tenons le fait suivant de M. Charles Lepage lui-même. On sait qu'il était à une certaine époque un coupletier très-fécond. Un auteur vient chez lui, choisit dans trois ou quatre cents couplets ceux qui peuvent s'adapter à son cadre, paye et s'en va. Mais la pièce, ainsi égayée de couplets, fut longue à recevoir, promenée et refusée de théâtre en théâtre. Elle arrive un jour à la Gaîté. Cinq ou six ans s'étaient écoulés dans cet intervalle, et Charles Lepage qui n'y pensait plus, avait vendu peu de temps avant une collection de couplets et de madrigaux au propriétaire du *Fidèle Berger, le Siraudin de l'époque pour la confiserie.* Une dame, occupant une loge, venait de croquer un bonbon ; jetant machinalement les yeux sur la devise écrite sur l'enveloppe, elle fut fort étonnée de reconnaître le couplet que le jeune premier venait de chanter, et dit : *C'est une pièce qui sort du Fidèle Berger, mais le bonbon ne s'y trouve plus.*

C'est à cette collaboration que l'on doit de pouvoir compter Béranger, le tant vanté Béranger, parmi nos vaudevillistes, et je ne dirai pas des plus heureux. Lorsqu'il fut reçu membre du Caveau, sur la proposition de Moreau de Commagny, l'auteur des *Chevilles de maître Adam* (et non sur celle de Désaugiers, comme on le dit souvent), on objecta qu'il fallait avoir composé au moins un vaudeville et Moreau assura que Béranger et lui en avaient fait un, reçu au théâtre du Vaudeville. C'était en 1812. Bientôt après, l'on joua à ce théâtre, les *Caméléons* ou une *Matinée d'un homme en place* : nous sommes certains qu'il en parut quelques exemplaires avec le nom de Béranger imprimé sur le titre. Nous en avons eu un entre les mains; depuis, tous les autres exemplaires que nous avons vus ne portent que les noms de Moreau et Waflard. Après cette pièce, Béranger ne signa plus la faible part qu'il eut aux pièces son ami Antier, savoir : *Haguenier*, la *Lanterne sourde*, *Attila*, les *Femmes* et la *Maison de Plaisance*.

D'autres fois, c'est l'auteur qui compose sa pièce

en prose et un de ses amis ou collaborateurs vient la mettre en vers. C'est ce qui arriva au médecin Procope. Il montra sa comédie en prose, intitulée le *Roman* ou les *Deux Basiles*, à Guyot de Merville, qui la mit en vers et la fit représenter à la Comédie Italienne: heureux quand on n'est pas surpris comme le fut un jour M. Lesguillon qui mit en vers le *Figaro en prison* de M. Louis Monrose, lequel n'est autre que *Figaro tout seul* de Joseph Marty, frère de l'acteur de la Gaîté, mort récemment chevalier de la Légion d'honneur et maire de Charenton.

Il y a enfin l'auteur *carcassier*, c'est le terme consacré. Cet auteur trouve le canevas ou la carcasse de la scène, indique les décorations et les trucs, mais il est obligé de prendre un collaborateur pour écrire la pièce sur son scenario; par exemple Messieurs........ Mais chut! ne nommons personne, pour éviter les réclamations!

Résumons donc ce second genre de collaboration. Si, dès le premier abord, il semble moins sympathique que le premier, s'il exige moins d'union, de bonne confraternité peut-être, nous devons convenir qu'il est plus utile, parfois même il est nécessaire, indispensable, pour produire des œuvres grandioses, impossibles sans cela. C'est la société travaillant pour la société. La loyauté en fait donc presque toujours partie intégrante et nous dirons : Honneur à la collaboration bien dirigée !

TROISIÈME PARTIE

Collaboration anonyme

X

Avant de passer à la collaboration forcée et à la collaboration factice, disons un mot de la collaboration anonyme. Rien que son nom semble l'exempter de blâme. Quoi ! un ami ; une connaissance même vous aide de ses talents, de ses conseils, vous laisse toute la gloire, quelquefois le profit, que peut-on lui reprocher ? rien !... Et pourtant il y a des cas où cette collaboration n'est ni franche, ni honorable. Nous citons quelques faits.

Qui empêche un auteur de se nommer? Souvent sa position sociale ou politique, souvent son aptitude à d'autres travaux connus. Pour certains jeunes gens, c'est la crainte de leur famille, et pour quelques autres, la sottise d'un directeur. Ainsi, en 1814, le Théâtre Français n'admettait pas qu'une pièce en un acte fût signée de trois noms, et *l'Hôtel garni* ou la *Leçon singulière,* comédie en un acte et en vers, demeurée longtemps au répertoire était de MM. Désaugiers, Gentil et P. Villiers. Les auteurs tirèrent au sort pour savoir lequel ne serait pas nommé. Ce fut M. P. Villiers, qui dût se résigner, et probablement, suivant MM. les comédiens français de l'époque, la pièce eut plus de succès par le seul fait que l'affiche ne portait plus que deux noms.

Le *Mari de la Veuve,* charmante comédie en un

acte et en prose, est de MM. Alexandre Dumas père, Émile Durieu et Anicet Bourgeois. Elle fut jouée, pour la première fois, le 4 avril 1832. Imprimée plusieurs fois depuis, souvent reprise, mais toujours anonyme, cela sans doute la rendit bien supérieure à ce qu'elle eût été si les trois auteurs avaient été nommés.

Enfin, le même Théâtre-Français donna, le 9 avril 1843, l'*Art et le Métier*, comédie en un acte et en vers de MM. Másselin et Veyrat. On ne permit qu'un nom sur l'affiche. Ce fut M. Masselin qui signa, mais la pièce imprimée porte les deux noms.

En voilà assez pour convaincre que si quelquefois un ou plusieurs collaborateurs ne se nomment pas, ce n'est pas leur faute; passons à d'autres.

Lors de l'interdit du théâtre du Gymnase par la société des auteurs dramatiques, un seul des auteurs travaillant pour ce théâtre, eut la franchise et la loyauté de continuer à mettre son nom, mais les autres !... M. Ch. Poirson, le directeur, en lutte avec la société, eut bien part à quelques pièces, il en arrangea quelques autres, mais, comme membre de cette même société il ne se nomma pas, et lorsqu'il livrait un nom au public, il signait Lemaitre, comme maître et directeur du théâtre et de la troupe. Les autres ne signaient pas ou livraient au public des noms comme Auvray, Léonard, Lécosse, Junien, etc., au lieu de Laurencin, Desvergers, Lubize et autres.

Voyons maintenant le cas de ceux qui ne se nomment pas volontairement. Peu de personnes connaissent comme auteur dramatique G. P. Tarenne de Laval, collègue de Napoléon Ier à l'école de Brienne, puis ingénieur. Il entra dans les ordres, fut aumônier des carabiniers de la garde, sous Charles X, et mourut prêtre habitué de Saint-Louis en l'Ile, le 7 juin 1847. Eh bien! M. Tarenne de Laval est l'auteur de *Esope chez Xantus*, qu'il fit recevoir au théâtre du Vaudeville, et que M. de Martignac, depuis ministre sous Charles X, accommoda peut-être aux exigences du théâtre, et signa seul le 23 février 1801.

Fouché, duc d'Otrante, ministre de la police sous le premier empire, est un des auteurs du *Triomphe de Trajan*, opéra joué et imprimé sous le nom seul d'Esmenard, le 23 octobre 1807, et, le 13 mai 1814, retouché par un troisième collaborateur. Ce troisième collaborateur remplaça ce qui faisait allusion à l'empire, par des flatteries en l'honneur de Louis XVIII, et, quoique non nommé, M. Pierre-Ange Viellard fut assez désigné pour qu'une place de bibliothécaire à l'Arsenal vînt récompenser son travail anonyme.

Le 20 décembre 1814, M. Labiche, chef de bureau au ministère (ne pas confondre avec M. Eugène Labiche, le joyeux vaudevilliste qui vient d'escalader le Théâtre Français et celui de l'Opéra-Comique), fit représenter au théâtre de l'Odéon, avec M. Georges Duval, *Une Journée à Versailles* ou le *Discret malgré lui*, comédie en trois actes, que ce dernier a signée seul.

M. le baron J. B. G. M. Bory de Saint-Vincent, le célèbre et savant naturaliste, est auteur, ou tout au moins collaborateur, d'un vaudeville au théâtre de la Gaîté, joué le 18 décembre 1816, sous le titre de la *Fille grenadier*, et signé Merle et Ourry.

Antérieurement, A. V. Arnault, le remarquable auteur de *Marius à Minturnes*, d'*Oscar, fils d'Ossian*, de *Blanche et Montcassin*, de *Germanicus*, etc., faisait représenter aux Variétés, avec Désaugiers, la décopilante parade de *Cadet Roussel esturgeon*, le 22 février 1813.

Fouché ne signait pas, par dignité de ministre; Labiche ne signait pas, pour ne pas perdre son emploi de chef de bureau; Bory de Saint-Vincent ne signait pas, pour ne pas compromettre le savant, et Arnault ne signait pas, parce qu'il considérait cette bouffonnerie comme indigne d'un auteur tragique.

Et à propos de tragique, nous nous sommes toujours demandé pourquoi les petits journaux, les petits auteurs, les critiques, tout ce qui tient une plume militante, tout ces tirailleurs de la petite presse, s'acharnaient après la tragédie sans s'apercevoir qu'ils suivaient à la remorque un mot d'ordre du gouvernement de Charles X que gênaient les déclamations de la tragédie, les leçons de la vertu et la mise en scène des crimes des rois.

Après tout, est-ce que la tragédie était plus invraisemblable que toutes ces pièces impossibles que l'on nous représente chaque jour, sous prétexte de nouveautés, de drames intimes, de scènes de mœurs presque toujours, ou fausses, ou exceptionnelles, quand elles ne sont pas excentriques ou absurdes. Hélas! non; si l'invraisemblance existe dans les unes comme dans les autres, la tragédie avait au moins du style, de la grandeur, des pensées nobles et souvent patriotiques, ce qui déplaisait à tous les pouvoirs. On a voulu tuer la tragédie. En effet, pourquoi faire entendre au peuple des maximes ou des pensées comme celles-ci?

> Rien n'oblige les rois à garder leur promesse.
>
> *Acoubar*, de Duhamel, 1586.

> Le peuple n'est tenu de supporter la loi
> Du prince vicieux qui premier rompt sa foi.
>
> *Les Gordians*, d'Ant. Faure, 1589.

> Les prêtres ne sont point ce qu'un vain peuple pense,
> Notre crédulité fait toute leur science.
>
> *Œdipe*, de Voltaire.

> Le premier qui fut roi fut un soldat heureux.
>
> *Mérope*, de Voltaire.

> La loi permet souvent ce que défend l'honneur.
>
> *Blanche et Guiscard*, de Saurin.

> Les mortels sont égaux, ce n'est point la naissance,
> C'est la seule vertu qui fait leur différence.
>
> *Mahomet*, de Voltaire.

> Que sont à ton avis les peuples conquérants?
> Des sujets moins heureux sous des rois plus puissants.
>
> *Vêpres Siciliennes*, de C. Delavigne.

Fidèle à son devoir, il a su le remplir.

— Oui ; comme délateur, quand doit-on l'anoblir ?

Marino Faliero, de C. Delavigne.

Nous ne pouvons multiplier ces citations indéfiniment, mais il est certain qu'on ne voulait pas faire entendre au peuple ces choses-là. Et, lorsque le baron Taylor fut nommé commissaire du roi près le Théâtre-Français, mademoiselle Duchesnois se retirait, Talma mourait, Pierre-Victor Lerebours, dit Victor, qui aurait pu lui succéder, était renvoyé du théâtre. Il allait à Stockholm et devenait lecteur du roi de Suède. Le romantisme débordait. (Nous ne nous en plaignons pas, au contraire, tout ce qui rajeunit l'art est bon ; partout où il y a lutte, il y a vie et progrès !) Le *Cid d'Andalousie,* de Pierre Lebrun, *Louis XI à Péronne,* de Mély-Janin, *Henri III et sa Cour,* d'Alexandre Dumas, le *More de Venise,* d'Alfred de Vigny, *Hernani,* de Victor Hugo, étouffaient à jamais la solennelle et froide tragédie.

C'était un grand résultat, un grand bienfait pour l'art, mais c'était un résultat assez agréable, après tout, pour le pouvoir; d'autant plus agréable qu'il avait été amené par ses ennemis, les journalistes grands et petits, qui, en tuant la tragédie, secondaient admirablement ses vues.

XI

La tragédie n'employait pas la collaboration. Si ce n'est Leclerc et Coras, dont nous avons déjà parlé au sujet de leur *Iphigénie*, le même Leclerc et l'abbé Boyer faisant ensemble une tragédie d'*Oreste*, MM. Seguineault et Pralard, donnant, en 1721, leur tragédie d'*Egyste*, nous ne connaissons pas d'autres exemples d'une tragédie faite à deux auteurs, à moins que l'on ne range dans ce genre la

Lucelle de Lejars, mise en vers par Jacques du Hamel, la *Cymminde* de l'abbé d'Aubignac, mise en vers par Colletet, ainsi que les deux pièces des cinq auteurs, les *Thuileries* et l'*Aveugle de Smyrne*, dont le scenario, fait par le cardinal de Richelieu, fut rempli et versifié par Rotrou, P. Corneille, Bois-Robert, Colletet et Lestoille. Mais chacune de ces pièces avait cinq actes, et chaque auteur rimait son acte. Citons encore la *Psyché*, que l'on trouve indifféremment dans les œuvres de Molière et dans celles de Pierre Corneille. La pièce fut faite en prose par Molière, qui en versifia les deux premiers actes et la scène première du troisième acte. Le reste fut mis en vers par Pierre Corneille; les vers mis en musique sont de Quinault. Voilà tout ce que nous connaissons de collaboration dans ce genre. Hâtons-nous de revenir à la collaboration anonyme.

On sait aujourd'hui qu'Anseaume était le prête-nom du fermier général de Laborde, que le marquis de Bièvre, le célèbre faiseur de calembours, avait fait retoucher sa comédie du *Séducteur* par Dorat; combien d'autres pourrions-nous citer !

Il nous semble que lorsqu'un écrivain connu, célèbre même, veut aborder le théâtre, son nom devrait suffire pour lui en ouvrir les portes, puisque tous les directeurs tiennent tant à un nom. Eh bien ! il n'en est point ainsi. Les directeurs semblent redouter qu'il n'y ait dans les pièces qu'ils jouent quelque chose de neuf, d'imprévu. Ce qu'il leur faut, ce sont des pièces jetées dans le même moule, faites d'après un même type, souvent pleines de redites ! Ainsi, M. Alphonse Karr veut aborder le théâtre; il arrive de Nice, avec sa *Pénélope normande*. Vous croyez que, sur son nom, on va le recevoir d'emblée. Point ! on lui adjoint deux collaborateurs, MM. Siraudin et Lambert Thiboust. Mais me direz-vous, ils ne sont point nommés, la gloire, si gloire il y a, reste entière à l'auteur principal. C'est vrai; mais les deux collaborateurs susdits touchent les deux tiers des droits. C'est peut-être tout ce qu'ils demandaient.

Nous avons parlé du baron Taylor. Cet homme éminent, président ou fondateur des grandes associations artistiques, est membre de la société des auteurs dramatiques. Pourtant, tout le théâtre de cet auteur est anonyme : les *Serfs de la Scandinavie*, avec Laroche, dit Hubert, au théâtre de la Porte-Saint-Martin ; *Ismaïl et Maryam*, ou l'*Arabe et la Chrétienne*, avec Fréderic Du Petitméré ; le *Délateur* et *Bertram*, avec Charles Nodier ; *Ali Pacha*, avec Alfred Pichat, H. Decomberousse et Baudouin d'Aubigny, toutes quatre au théâtre du Panorama-Dramatique, sont anonymes. Quant à *Amour et Étourderie*, comédie en un acte et en vers, qui aurait été jouée au théâtre Molière, nous avouons que toutes nos recherches n'ont pu nous faire découvrir ni la pièce ni la date de sa représentation. *Poucet et Croquemitaine*, du théâtre du Panorama-Dramatique, n'a pas été imprimé, mais il est probable que cette pièce était anonyme comme les autres et qu'il en aurait été de même des pièces suivantes : *Ariel et Astaroth*, drame en cinq actes, *Agnès Bernau*, drame en trois actes, le *Sculpteur et l'Aveugle*, comédie en cinq actes, *Trois semaines après le mariage*, comédie en deux actes, la *Fille de l'Hébreu et le Chevalier du Temple*, drame en trois actes, et *Luca Gaurocio* ou le *Nécromancien*, drame en trois actes; ce sont des pièces que la campagne d'Espagne, en 1823, et la position qui s'ensuivit pour M. le baron Taylor empêchèrent sans doute de représenter.

Charles Nodier, le spirituel écrivain de l'Académie, outre ses deux pièces avec M. le baron Taylor, est encore l'auteur anonyme du *Vampire*, 1820, avec le comte Achille de Jouffroy et Carmouche (ce dernier seul fut nommé), du *Monstre et le Magicien*, avec Béraud et Merle, de *Faust*, avec les mêmes. De plus, on le dit auteur d'une pantomime aux Funambules. Pourquoi pas? M. Théophile Gautier a bien fait pour ce théâtre *Marrrchand d'habits*, dont nous avons vu le manuscrit autographe et signé.

Le drame de *Faust* a souvent prêté à l'anonymat. Déjà, en 1829, un sieur Rousset, médecin, avait publié sous le voile de l'anonyme, *Faust ou les Premiers amours d'un métaphysicien romantique*, pièce de théâtre de Goethe, arrangée pour la scène française; et, en 1850, le 20 août, le théâtre du Gymnase faisait représenter *Faust et Marguerite*, drame-vaudeville en trois actes et quatre tableaux, de M. Michel Carré, pour lequel M. Wilhem Tenint était de moitié sans être nommé.

Le 8 août 1859, le même théâtre du Gymnase représentait : *Risette ou les Millions de la mansarde* de M. Edmond About; M. Francisque Sarcey de Suttières, son collaborateur, gardait l'anonyme.

M. Alexandre Dumas fils ne signe jamais les pièces qu'il fait en collaboration soit avec M. Pagès, dit Pagésis, soit avec d'autres; ainsi l'affiche du Vaudeville n'a jamais mis son nom à *Comment la trouves-tu?* de MM. Crétet et Pagésis.

Mais la plus curieuse, comme la plus importante des collaborations anonymes, est celle de M. Édouard Miot, employé de ministère. Cet auteur ajoute à ses appointements le profit très-légitime d'un rude travail, qu'il n'avoue pas, les supérieurs n'aimant guère avoir sous leurs ordres des employés gens d'esprit. Déjà, bien avant 1830, M. Édouard Miot avait eu part, avec un sieur Delhoste, à quelques pièces du théâtre du Luxembourg; puis il commença à travailler avec M. Clairville, et, bientôt après, cette collaboration devint presque incessante. On prétendit même, à une certaine époque, que les bénéfices de M. Clairville étaient toujours partagés avec M. Miot, que ce dernier collaborât ou non aux œuvres signées Clairville. A combien de pièces de M. Clairville M. Miot a-t-il eu part? C'est ce que nous ne saurions dire. Mais, pour citer un exemple, disons que le jour, ou plutôt le soir de la dernière répétition de *Paris et la Banlieue*, Miot refait trois fois le dernier tableau de la pièce, attendant son collaborateur dans un petit café du faubourg Montmartre. Celui-ci ne faisait qu'aller et venir en voiture jusqu'à ce que la pièce pût marcher. M. Miot n'assistait à aucune répétition ou représentation des pièces auxquelles il avait part.

Les pièces signées Frédéric Lemaitre ou Odry sont toutes des pièces anonymes, mais comme un nom est livré au public, elles nous semblent mieux rentrer dans la collaboration factice où nous les retrouverons.

XII

Il est bien entendu que, dans la collaboration anonyme, nous ne saurions comprendre les pseudonymes. Que l'auteur signe de son nom ou d'un nom d'emprunt, c'est toujours un nom qu'il livre au public. Ce nom facilite les recherches du bibliographe. D'ailleurs, aujourd'hui, y a-t-il, à vrai dire, des pseudonymes? Tout le monde les connaît ou peu s'en faut; nous en avons déjà fourni pour le théâtre un certain nombre au savant M. Quérard, et nous ne pouvons résister au désir d'en redonner quelques autres que nous avons omis tous les deux ou que nous avons appris depuis la publication des *Auteurs déguisés*. Ainsi, M. Edmond Rochefort se nomme le comte Luçay de Rochefort ; M. Dumanoir, c'est Philippe Pinel ; Henri Thiery est le fils de M. Devinck, chocolatier, rue Saint-Honoré, ex-député et membre du conseil municipal ; Eugène Moreau, le collaborateur de M. Delacour, (et non pas Eugène Moreau, artiste dramatique et l'auteur des *Deux Couronnes*) se nomme Louis-Eugène-Isidore Lemoine ; M. Delacour se nomme Lartigue ; sous le nom de Théodore Julian, auteur de plusieurs opérettes bouffes au théâtres des Folies-Nouvelles, se cache la femme de M. Pilate, dit Pilati, le compositeur ; Ernest Blum est le fils de Cerf, dit Blum, acteur des Folies-Dramatiques ; Victor Séjour se nomme Marcou, et Charles Edmond se nomme Koieski ; Jules Verne et Hippolyte Maxence sont les deux fils de M. Germain Delavigne ; Nuitter est l'anagramme de Truinet ; Amédée Marc Michel se nomme Leveau ; Ernest Rollin, employé au chemin de fer du Nord, l'auteur des *Noces du Bouffon,* se nomme Czinski, et son collaborateur, M. Dutertre de Véteuil est demeuré anonyme ; Harmant, c'est Dardoize ; Joanny, c'est Renaud ; Lucien Duval, c'est Réné Savary, duc de Rovigo ; Charles Deslys, c'est Collinet ; Fernand de Lysle, c'est madame Vandertaëlen ; madame Lionel, c'est Céleste Vénard, dite la Mogador, depuis comtesse de Chabrillan ; Antoine de Nantes, c'est mademoiselle Charlotte Bordes, femme Dùpuis, longtemps l'actrice aimée du Théâtre du Palais-Royal ; Jules Berneret, fécond auteur des Funambules, c'est le très-fécond Charles Foliguet, connu au théâtre du Vaudeville sous le nom de Charles Danvin, l'auteur de 13 à 14 cents pièces pour les plus infimes théâtres ; Maxime Delor, c'est Dautrévaux, connu aussi sous le nom de Léon, quoique ses prénoms soient Cléophas-Rumboldt ; Jules Noriac, c'est l'anagramme de Cayron ; Dunan-Mousseux, l'excentrique rédacteur des réclames de la halle aux habits, c'est Antoine Gadon, Georges Steine c'est Schornsteinn; Léon Marcy, c'est Jules Rouquette; enfin, un membre de l'Académie fran- M. Empis, se nomme Adolphe-Dominique-Florence-Joseph Simonis. Nous ne parlons pas des morts.

Terminons-en avec la collaboration anonyme. On comprend fort bien que, dans ce genre de collaboration, il y ait bien souvent des doutes, des paternités qui peuvent être niées, parce qu'on ne peut les prouver. Ainsi l'on prétend que l'*École du Monde*, de M. Walewski, aurait pour collaborateur anonyme mademoiselle Anaïs Aubert, alors sociétaire du Théâtre Français, tandis que le même M. Walewski serait à son tour le collaborateur anonyme de *Mademoiselle de Belle-Isle*. Mais où est la certitude, où sont les preuves? MM. Leuven et Brunswick seraient les collaborateurs anonymes d'*Un Mariage sous Louis XV*, de *Lorenzino*, des *Demoiselles de Saint-Cyr*, d'*Une Fille du Régent*, au Théâtre Français; de *Louise Bernard*, à la Porte-Saint-Martin ; du *Mariage au tambour*, du *Garde forestier*, du *Conte de fées*, aux Variétés, etc. (Le nom de M. Alexandre Dumas seul valait cinq mille francs de prime au Théâtre-Français et nous ne savons combien ailleurs !) M. Lockroy serait le collaborateur anonyme de la *Conscience*, du *Gentilhomme de la Montagne*, de l'*Envers d'une conspiration* ; M. Anicet Bourgeois est le collaborateur anonyme de *Térésa*, d'*Angèle*, de *Caligula* ; Gérard de Nerval était pour moitié dans l'opéra comique de *Piquillo*, et par contre, M. Alexandre Dumas père aurait eu part à la *Vénitienne* de M. Aniciet Bourgeois, à *Léo Burckart* de M. Gérard de Nerval, au *Séducteur et le Mari*, de M. Charles Lafont, etc., etc.

Tout cela est bien difficile à prouver, néanmoins tous ces auteurs touchent une part de droits pour ces pièces, et nous ne croyons pas que ce soient des prêteurs d'argent, ou bien que M. Alexandre Dumas soit assez généreux pour avoir voulu leur faire un cadeau.

Pourquoi M. Émile Deschamps toucherait-il une part des droits pour le *Mari à la campagne*, de MM. Bayard et Jules de Wailly, et pour le *Tisserand de Ségovie*, de M. Hippolyte Lucas, s'il n'y avait pas travaillé?

M. Regnier de la Brière, l'excellent comédien du Théâtre-Français, touche moitié pour *Mademoiselle de la Seiglière*, de M. Jules Sandeau. Ne s'est-il pas nommé parce qu'il connaissait 1816 *ou le Dernier des Rubempré*, comédie en trois actes, de MM. Poirson et Alexis Decomberousse, tirée du même roman et présentée à ce théâtre? Était-ce pour laisser à M. Jules Sandeau plus de chances pour arriver à l'Académie?

Enfin, rien n'empêche M. Mocquart de nier la paternité du *Masque de Poix*, avec B. Antier et Barré (ce dernier non nommé); de la *Fausse Adultère*, avec Dennery; de la *Tireuse de Cartes*, avec Victor Séjour;

de l'*Histoire d'un Drapeau*, avec Dennery ; des *Massacres de la Syrie* et de la *Prise de Pékin*, avec V. Séjour. Nous ne parlerons pas des *Volontaires de* 1814. Pour cette dernière, on a déclaré dans les journaux que M. Mocquard n'y était pour rien ; les méchantes langues ont prétendu qu'il avait prévu son insuccès?

La collaboration anonyme ne peut donc être prouvée d'une manière absolue. Il faut avoir des autorités comme pour le *Toréador*, drame en trois actes, de M. Tyrtée-Tastet, au théâtre de la Gaîté, le 29 avril 1838. Pour cette pièce, jouée et imprimée sous ce nom seul, nous avons vu l'acte de cession signé et timbré, lequel nomme pour auteurs avec lui, MM. Achille Gallet, Gustave Gérard, Constant Balandreau et Gabriel Garat. Qui connaît tous ces noms?

Concluons : la collaboration anonyme n'est pas toujours de l'improbité. Pour quelques-uns, c'est de la modestie ; pour d'autres, c'est une nécessité de leur position morale ou politique ; souvent, c'est une absurdité, soit d'un directeur, soit d'un auteur qui veut bien prendre l'œuvre d'un autre, mais non le nom. Ici déjà commence l'indélicatesse; puis vient le tripotage pécuniaire qui la complète tout à fait. Ah! s'il n'y avait d'anonymat que par modestie ou convenance, nous n'aurions rien à dire de cette collaboration qui laisse à celui qui signe seul tout l'honneur, quand elle ne lui laisse pas tout le profit.

QUATRIÈME PARTIE

Collaboration forcée

XIII

Après avoir écrit le titre de ce chapitre, nous éprouvons un véritable embarras. Faudra-t-il tout dire? faudra-t-il citer les faits? nommer les masques? Pourquoi pas! nous écrivons la physiologie de la collaboration, nous devons donc y comprendre tous les genres de collaboration.

On ne peut guère forcer un homme à être le collaborateur d'un autre malgré lui, quoique le fait se soit présenté; mais on peut amener un homme à subir un collaborateur, et ceci nous le prouverons. Non-seulement cela est, mais cela a toujours existé. Les cas étaient, il est vrai, moins nombreux autrefois qu'à présent. Il y avait moins de commerce dans l'art, et voici pourquoi.

Dans notre système mercantilo-littéraire où chacun n'est pas à sa place, parce que cette place ne lui suffit pas, l'homme de lettres, l'écrivain plus ou moins commerçant, le jeune débutant qui prend ce métier comme on se fait cordonnier ou tailleur, tous ces gens, disons-nous, se trouvent généralement en présence d'autres gens d'une incapacité notoire dans la spécialité qu'ils ont embrassée plutôt par spéculation que par goût.

Constatons, pour mémoire, qu'il y a d'honorables exceptions, mais ces exceptions même ne sont qu'une preuve de plus à l'appui, et grâce au système de priviléges qui gouvernait les théâtres il y a quelques mois à peine, on donnait un privilége à un nom. Souvent ce privilége était donné comme récompense de services, quelquefois pour débarrasser une administration d'un employé qui la gênait, au lieu de donner ce privilége à une capacité financière ou dramatique. Dans ce cas, ce privilégié, ou plutôt ce nom, qui n'avait pas les premiers fonds nécessaires à son entreprise, se trouvait forcément obligé d'avoir recours à un ou plusieurs spéculateurs, qui font passer leurs intérêts avant toute considération, ou bien à des gens du monde, qui sacrifiaient tout au plaisir et imposaient au privilégié, devenu leur chose, leurs goûts, leurs protégés et plus souvent leurs protégées. Pour ne pas risquer les fonds de ses actionnaires, l'heureux concessionnaire n'eût osé produire sur son théâtre une œuvre d'un auteur nouveau. Dès lors, le mieux était de n'en lire aucune. Qu'il les lût ou non, d'ailleurs, eût-il pu les juger? Cela est douteux. Et si, par hasard, en vertu d'une recommandation soit d'un de ses principaux acteurs, soit du bailleur de fonds, soit de n'importe qui, touchant à n'importe quoi, il en reçoit une, vite il s'empresse de dire à l'auteur que sa pièce, si jolie soit-elle, n'est pas dans les habitudes de son théâtre ; en invoquant l'inexpérience de tous les débutants, il lui impose un collaborateur et même souvent deux. Et, trop heureux d'être *joué*, l'auteur en passe par là.

Les meilleurs directeurs, les plus instruits, ceux qui passent pour les plus capables, en sont encore à ce point, et ce qu'il y a de plus singulier et de plus malheureux à dire, c'est que ce sont presque toujours les gens expérimentés qui se trompent le plus souvent sur la valeur ou le succès d'une pièce, au point de vue pécuniaire principalement.

Voyez le Théâtre-Français, pour ne parler que de ce siècle-ci. C'est un comité pris dans les acteurs de ce théâtre qui juge les œuvres qu'on y présente. Eh bien, il refuse les *Vêpres siliciennes*, de Casimir Delavigne, qu'il reprendra plus tard avec enthousiasme ! Il refuse *Marino Faliero*, il refuse la *Ciguë*, il refuse l'*Honneur et l'Argent*, et bien d'autres, qu'il est fier et heureux, à double titre, d'avoir aujourd'hui dans son répertoire.

A ce propos, une simple question.

Pourquoi, avant de passer au comité de lecture, les auteurs inconnus sont-ils obligés de subir l'affront d'être lus par des examinateurs préparatoires, gens médiocres ou vieux, invalides de corps et d'esprit (où le corps est atteint, l'esprit n'est jamais entier, à plus forte raison quand cet esprit ne dépassa jamais les bornes de l'ordinaire). Ces gens-là, en général, fruits secs de la littérature dramatique, auteur de pièces en collaboration très-justement tombées dans l'oubli, ce mépris des foules, n'ont des admirations que pour leurs œuvres bâtardes, des sympathies que pour la génération de claqueurs qui les ont applaudis moyennant finance! Encore une fois, pourquoi les auteurs nouveaux sont-ils soumis à cette humiliation de se voir éplucher et juger par ces eunuques de la pensée?

Ah! qu'on nous pardonne cette digression, puisque nous avons le courage de garder le silence sur cet autre abus : les auteurs dramatiques jugés par des acteurs!

Ajoutez encore, parmi les privilégiés, les directeurs-auteurs, auxquels la commission de la société des auteurs dramatiques interdit le droit de faire représenter leurs œuvres sur les théâtres qu'ils dirigent, et qui, par compensation, se font un scrupule de recevoir un auteur qui ne fait pas partie de la société, à moins toutefois qu'ils ne partagent avec lui les droits qu'ils auront à toucher, car, s'ils ne peuvent faire jouer leurs pièces, ils peuvent toucher comme propriétaires, ou comme s'ils avaient une créance à recouvrer sur l'auteur, une partie de ces mêmes droits. Voyez MM. Dartois pendant leur direction au théâtre des Variétés.

Supposons que la société des auteurs dramatiques eût existé du temps de Molière, acteur et directeur d'un théâtre, ne pouvant faire jouer une seule pièce de lui ! condamné aux Gilbert et aux de Vizé à perpétuité et conduit avec ce principe à la faillite. Qui en eût supporté les conséquences ? La France.

Est-ce que Molière, tout en travaillant pour son théâtre, écartait ou éconduisait les jeunes auteurs ? Non ! sa conduite avec Racine en est la preuve. Nous possédons le répertoire complet des pièces jouées par la troupe de Molière pendant sa direction, c'est-à-dire la liste de ces pièces, avec dates de représentations, et nous trouvons qu'outre Racine, il a joué Coqueteau de la Clérière, Leglésières et Subligny. Est-ce qu'il négligeait les anciens auteurs ? Non, car il représentait les pièces de Pierre et Thomas Corneille, de Magnon, de Gilbert, de Boyer, de madame de Villedieu, de Brécourt et du très-fécond Donneau de Vizé. Mais, nous dira-t-on, nos directeurs ne sont pas des Molière. Certes, mais nous tenions seulement à prouver l'absurdité de cette restriction.

Croyez-vous que Molière, n'étant pas directeur,

eût jamais pu faire représenter un seul de ses chefs-d'œuvre ? Mais s'il pouvait revivre de nos jours, il ne trouverait pas un directeur qui voulût le lire ; son nom, encore inconnu, ne pourrait lui servir de passe-port, il ne trouverait pas un théâtre qui voulût le jouer, pas une censure qui voulût l'autoriser. Ah ! certes, Molière a bien fait de ne pas naître dans notre siècle *de liberté des théâtres.*

Mais nous voilà bien loin de la collaboration. Dépêchons-nous d'y revenir. Prenons un auteur nouveau qui n'a pas, de lui-même, choisi un collaborateur parmi les faiseurs habituels du théâtre auquel il destine sa pièce, mais qui est parent ou allié d'un auteur ou d'un acteur en renom, ou seulement l'amant d'une actrice bien posée, ou bien se trouve protégé par une haute influence. Cet auteur inconnu arrive à faire recevoir une pièce à un théâtre quelconque. Eh bien ! le directeur, sans s'occuper de sa capacité, s'empressera de lui adjoindre un collaborateur ; au besoin, il en mettra un malgré lui. Et n'allez pas nous dire que nous citons ici un fait bizarre, exceptionnel, impossible... La notoriété, notoriété du scandale, est là pour le prouver.

M. Frédéric Gaillardet fait un drame. Bon ou mauvais, nous n'avons pas à nous en occuper; néanmoins, il faut croire qu'il n'était pas si mauvais, puisque M. Harel le reçut. Et ce directeur était un homme d'esprit, celui-là! Mais voilà qu'un beau jour, Harel exige de l'auteur qu'il s'adjoigne un collaborateur. M. Gaillardet y consent volontiers, et comprenant que s'il s'adjoint une célébrité dramatique, son nom, encore inconnu, sera totalement éclipsé, il choisit une célébrité littéraire, M. Jules Janin, qui n'a jamais travaillé pour le théâtre. Celui-ci accepte, mais peu de temps après, lorsqu'il eut écrit dans le style pailleté qui lui est propre, la fameuse scène des amours de garnison, il renvoie le manuscrit à l'auteur et répond au directeur qu'il trouve la pièce assez bonne pour être jouée sans son concours. La pièce est mise en répétition et il es probable que si le père de M. Gaillardet ne l'eût appelé à son lit de mort, elle eût été jouée sans collaborateur. Voici comment.

M. Gaillardet partit pour Tonnerre, où demeurait son père, et, pendant son absence, M. Harel envoie le manuscrit à M. Alexandre Dumas. Nous ne venons pas contester ici le mérite très-connu de M. Dumas, nous sommes même persuadé que la manière dont il a arrangé la pièce lui a assuré ce succès long et fructueux qu'elle a obtenu, mais encore faut-il convenir que M. Gaillardet n'avait pas même été consulté au sujet de cette collaboration. L'on n'a donc pu et l'on ne peut encore aujourd'hui juger ce qu'était sa pièce avant ce remaniement. M. Dumas prétendit l'avoir refaite entière, M. Gaillardet répondit qu'il n'y avait que la différence du savoir-faire au talent; que la scène capitale, la scène de la prison existait; que Marguerite de Bourgogne y dénouait les cordes de Buridan; que seulement elle le faisait en une seule fois, que M. Dumas les a fait dénouer en trois fois, ce qui vaut infiniment mieux, mais ce qui n'a rien ajouté de nouveau dans le canevas, etc., etc. Voyez dans la *Gazette des Tribunaux* de 1831 les détails de cette curieuse affaire.

Plus récemment, MM. Bernard Lopez et Gérard de Nerval font une pièce intitulée le *Pirate,* reçue au théâtre de la Porte-Saint-Martin. Le directeur éprouve le besoin d'y ajouter un prologue, ce qu'il fait, sans idée de rémunération pour lui-même, il faut en convenir; puis il propose à M. Bernard Lopez de prendre pour collaborateur M. Alexandre Dumas. M. Lopez y consent. Dumas refait une scène et puis, pressé, tourmenté par ses éditeurs, pour la publication de ses romans, sans consulter M. Lopez, sans son consentement, il délègue ses droits à M. Victor Séjour.

Celui-ci fait mieux, il change le titre de la pièce, qu'il nomme le *Fils de la Nuit,* la remanie à son idée et la fait jouer sous son nom seul, mettant de côté les premiers auteurs et se plaignant qu'on ose l'accuser; pourtant, par suite de nous ne savons quel arrangement, il a dû partager les droits avec M. Bernard Lopez, puisque l'autre collaborateur, Gérard de Nerval, était mort. Voyez l'*Indépendance théâtrale*, 1856.

En 1852, M. Ternaux, en société de M. de Léris, présente au théâtre du Vaudeville la *Jolie Meunière*. Le directeur exige que le nouvel auteur prenne pour collaborateur M. Achille Dartois : celui-ci lit la pièce, y ajoute un couplet et touche un tiers des droits; nous tenons le fait de M. Ternaux lui-même.

N'est-ce pas une collaboration forcée que celle imposée à M. Michel Delaporte par M. Comte, qui, pour ses deux premières pièces, *Touche à tout*, 17 décembre 1836, et *Du Pain sec*, 14 janvier 1837, lui a adjoint M. Hippolyte Cogniard, nom que portait l'affiche et que mentionne l'*Almanach des Spectacles*? Et pourtant M. Delaporte nous a assuré avoir composé seul ces deux vaudevilles.

N'est-ce pas une collaboration imposée par M. Antony Béraud que celle de M. Frédéric Soulié aux deux pièces de M. Paul Féval, le *Fils du Diable*, 24 août 1847, et *Mauvais Cœur*, 15 février 1849? Ah! c'est qu'après le succès de la *Closerie des Genêts*, M. Béraud ne voyait de succès possible qu'avec Frédéric Soulié.

Arrêtons-nous ici, nous en aurions trop à dire s'il nous fallait citer toutes les collaborations imposées ou forcées, si nous devions nommer tous les auteurs qui ont dû laisser mettre sur l'affiche, avant leur propre nom, un nom qu'ils n'avaient ni choisi, ni désiré, mais simplement subi.

XIV

La littérature dramatique n'est plus un art, mais un métier qui doit rapporter tant par an, qui doit donner, dans l'avenir, une position, des rentes, un château. Un de ces auteurs, que nous avions fait prier de rectifier et compléter la liste de ses pièces faite par nous, répondit à l'ami qui s'était chargé de cette commission : « *Combien cela me rapportera-t-il? Je n'écris pas une ligne qu'elle ne me soit payée.* »

On reprend le commerce de son père, quand le succès est venu s'y joindre, et sans compter MM. Alexandre Dumas fils et Désaugiers fils, nous avons aujourd'hui MM. Mélesville fils, Rochefort fils, Vulpian fils, Courcy fils, Masson fils, Gaugiran-Nanteuil fils, Dupeuty fils, Delaporte fils, les deux fils Langlé, les deux fils de Germain Delavigne, les deux fils de Victor Hugo, les deux fils Laya, Jaime fils, Antier fils, de Kock fils, Dupin fils, Roger de Beauvoir fils, Halévy fils, Beauvallet fils, Basset fils, Beauplan fils et Legouvé fils.

Qu'il y a loin de cette collaboration à celle de M. Scribe, car en fait de collaboration loyale, il faut toujours en revenir à cet auteur, dont les collaborateurs se plaignaient souvent qu'il fît tout et que leur part de travail fût trop minime.

Un jour, c'était après 1830, M. Francis Cornu arrivait de Lyon, où il avait déjà fait représenter un vaudeville. Il était chargé d'un grand nombre de gros drames dont il comptait faire l'écoulement à Paris.

Muni d'une lettre de recommandation, il prend celui qu'il croit le meilleur et se présente chez M. Scribe. Celui-ci le reçoit poliment et l'engage à lui laisser son manuscrit et à revenir le voir dans quelques jours.

Peu après, M. Cornu fit connaissance de M. Anicet Bourgeois et les voilà, tous les deux, travaillant de compagnie et faisant représenter successivement *Napoléon*, une *Nuit au Palais-Royal*, *Robespierre*, les *Chouans*, le *Grenadier de l'île d'Elbe*, *Jeannette*, la *Belle-Fille*, les *Deux Diligences*, et les *Six Florins*. Puis ensuite, se liant avec M. Camus qui, sous le nom de Merville, fut comédien du roi de Westphalie, Jérôme Bonaparte, il donna encore : le *Mauvais Ménage*, *A Vingt et un ans*, le *Duc de Reichstadt*, *Tom Rick*, le *Savetier de Toulouse* et la *Fille du Voleur*. Certes, en voilà bien assez pour occuper moins de trois ans, et nous en passons encore. Enfin, il vient à se rappeler le drame confié à M. Scribe, et il se décide à le redemander.

Il arrive donc un matin chez Scribe. Celui-ci ne le reconnaissait pas, mais sur le titre de sa pièce, il cherche dans un carton, car tout était classé chez lui, il en tire un manuscrit et lui dit : — « Avez-vous le temps? — Oui, monsieur, mais je ne l'aurais pas que je serais heureux de le prendre. — Eh bien! je vais vous faire une lecture. » Et immédiatement, il se met à lui lire le vaudeville charmant intitulé la *Chanoinesse*. La lecture achevée, Scribe lui demande son sentiment et Francis Cornu de s'écrier que la pièce est charmante et qu'il répond d'avance du plus grand succès. Puis, revenant au but de sa visite, il redemande son drame. — « Mais vous venez de l'entendre! » Francis, qui n'y a rien reconnu, se défend d'être pour quelque chose dans ce spirituel vaudeville. Mais Scribe ajoute : « *Mon cher monsieur, j'ai trouvé dans votre drame une idée et je m'en suis servi*. Comme une idée est tout pour moi, la pièce est bien de nous deux, et vous verrez qu'un acte qui a un grand succès rapporte tout autant qu'un drame que l'on ne joue que trente à quarante fois. » Voilà comment M. Francis Cornu est nommé en toutes lettres sur le titre de la *Chanoinesse*. Quant au profit, je crois qu'il n'a pas eu à s'en plaindre.

XV

En dehors des collaborateurs imposés par la négligence ou l'incapacité d'un directeur, il existe encore d'autres genres de collaboration forcée. Ainsi, l'homme qui prend une pièce en prose de Molière et qui la met en vers, ne force-t-il pas Molière d'être son collaborateur? Et que de fois ce travail a-t-il été entrepris depuis Thomas Corneille, qui mit en vers, le *Festin de Pierre?* Mailhol, H. de Comberousse, Rastoul et B. Esnault mettent successivement l'*Avare* en vers. Mais la plus singulière de ces collaborations, car ce n'est pas autre chose qu'un travail à deux, c'est la version de l'*Avare*, mis en vers blancs par Louis-Napoléon, roi de Hollande. Comprend-on la prose de Molière en vers non rimés?

Le même Hyacinthe de Comberousse faisait représenter à l'Odéon, le 12 février 1814, le *Bourgeois gentilhomme*, mis en vers, et le 27 décembre 1814, le *Médecin malgré lui*, toujours en vers. Ce même *Médecin malgré lui*, avait été mis en opéra comique par Désaugiers, frère aîné du célèbre chansonnier, et représenté sur le théâtre Feydeau le 26 janvier 1792. Ce travail fut repris par MM. Barbier et Michel Carré, pour le théâtre Lyrique, le 15 janvier 1858, et la charmante musique de M. Gounod lui assura un légitime succès. En 1852, un M. Joseph Racine avait aussi mis en vers la même pièce, que M. E. Vimard reversifia en 1853. Plus tard, le même M. B. Esnault, mit en vers *Georges Dandin*, et en 1857,

M. Alexis Barrière, l'oncle de l'auteur des *Faux Bonshommes*, fit le même travail pour le *Legs*, de Marivaux; enfin, un anonyme avait mis, vers le milieu du siècle dernier, le *Télémaque*, de Fénelon, en vers.

Une collaboration du même genre, mais certainement beaucoup plus utile, c'est la traduction, que nous ne ferons que mentionner, car s'il nous fallait citer tout ce qui a été traduit en français d'ouvrages étrangers, plusieurs volumes n'y suffiraient pas. Citons seulement, pour exemple, les œuvres de Térence, qui ont été traduites par Octavien de Saint-Gelais, en 1539; par Jean Bourlier, en 1566; par un anonyme, en 1572; par Antoine de Muret, en 1583; par un anonyme, en 1614; par l'abbé de Marolles, en 1659; par Lemaistre de Sacy, en 1669; par Martignac, en 1686; par madame Dacier, en 1688; par l'abbé Lemonnier, en 1771; par Wandelaincourt, en 1779, par Gabriel Duchesne, en 1786; par Bergeron, en 1821; par Amar-Durivier, en 1830; par

A. Magin, en 1844; par le marquis de Belloy, en 1860; et par M. Bétoulaud, en 1862, sans compter les traductions d'une ou deux pièces, par Baïf, Lafontaine, Baron, Massot, Delaunay, Materne, etc., etc.

Pourtant il ne faudrait pas citer comme traduction, la prétendue traduction du théâtre polonais, dans la collection des théâtres étrangers de Ladvocat. Aucune de ces pièces n'est connue en Pologne. Ce sont des nouvelles ou des romans que le prétendu traducteur a mis en forme dialoguée, ce qui du reste pour nous n'en est pas moins une collaboration forcée, l'idée, le plan, le canevas en étant empruntés à un autre.

Une traduction plus singulière est celle-ci : Beaunoir ayant quitté la France pendant la Révolution, se trouvait en Allemagne en relation avec Iffland, auteur, acteur et directeur de spectacle. Il lui donna le manuscrit d'une pièce intitulée le *Libelliste*, qu'Iffland traduisit en allemand et fit représenter sur son théâtre. Beaunoir partit pour la Hollande, puis revint en France, et, pour faire jouer sa pièce sur le théâtre des Variétés-Étrangères, ouvert par Boursault dans la salle Molière, il dût la retraduire de l'allemand et la donna comme étant d'Iffland même.

L'auteur qui prend le sujet d'un drame dans un procès, dans une histoire, ne force-t-il pas le romancier, le légiste, l'historien, à entrer en collaboration avec lui? et cette collaboration ne commence-t-elle pas à se traduire en droits à toucher ou en nom à mettre sur l'affiche? N'est-ce pas là ce qui attache le nom de M. Élie Berthet à deux drames, le *Pacte de Famine* et les *Garçons de recette?* N'est-ce pas là la cause du tiers que touchait M. Victor Hugo pour *Notre-Dame de Paris*, drame de MM. Paul Foucher et Goubaux, représenté sur le théâtre de l'Ambigu le 17 mars 1850; enfin la cause de la moitié qu'avait M. Maynard pour les *Mers polaires*, drame de M. Charles Edmond (Koieski) au Cirque?

Autrefois, pourtant, l'auteur d'un roman était heureux quand un auteur dramatique prenait dans son roman le sujet d'une pièce. Cela faisait valoir le roman, le faisait lire et par conséquent le faisait vendre. La plus grande partie des premiers mélodrames n'a pas d'autre source : *Victor* ou l'*Enfant de la forêt*, *Cœlina* ou l'*Enfant du mystère*, le *Moine*, les *Mystères d'Udolphe*. Plus tard, le *Rénégat*, le *Solitaire*, l'*Étrangère*, *Ipsiboë* et tant d'autres, dont les créateurs n'ont pas réclamé de droits, sont un résultat de cette collaboration, souvent un peu forcée.

Aujourd'hui, on agit autrement, et le plus souvent, l'auteur du roman fait lui-même la pièce ; tels sont entre autres MM. Paul de Kock et Alexandre Dumas. Ce dernier surtout a le rare talent de mettre tout le roman dans la pièce et d'intéresser le spectateur comme il a intéressé le lecteur.

Quelquefois, mais le cas est plus rare, c'est la pièce qui fournit le roman. Voyez à cet égard *Michel et Christine* et l'*Auberge des Adrets*. Les auteurs des pièces n'ont pas réclamé un droit sur le produit des romans, du moins nous le croyons.

Paul de Kock prend un opéra comique de Marsollier, *Deux mots* ou une *Nuit dans la forêt*, et en fait un des épisodes de son roman de *Frère Jacques*, épisode dont plus tard MM. Goubaux et Beudin feront leur drame de *Trente ans* ou la *Vie d'un joueur*, que Victor Ducange retouchera et mettra en scène.

Une autre collaboration de ce genre offre une singulière particularité. M. Léon Gozlan, qui n'était connu que comme un spirituel romancier, compose un drame intitulé l'*Opinion* et présente ce drame au Théâtre-Français. Un jour, on le fait demander et on lui dit que son drame est bon, mais sort des conditions et du genre du théâtre qui ne pouvait en conséquence l'admettre; qu'il était susceptible d'obtenir du succès sur un des théâtres du boulevard et qu'on l'engageait à prendre un collaborateur qui connût la charpente et eût le métier qui lui manquait encore à lui. M. Gozlan sort, son manuscrit sous le bras, et rencontre par hasard Alboize, auquel il raconte son insuccès. Alboize lui demande sa pièce et se charge de la faire représenter sur l'un de nos principaux théâtres. A quelque temps de là, les deux auteurs se retrouvent de nouveau, et M. Gozlan, demandant des nouvelles de la pièce en question, apprend, à son grand mécontentement, qu'elle est reçue et en répétition au théâtre Beaumarchais. Gozlan veut s'y opposer, mais Alboize lui déclare qu'il n'y a plus à revenir sur le fait; que, du reste, il l'a donnée pour les débuts d'une charmante actrice qu'il protége et qui certainement lui fera un beau succès. Malgré toutes ces raisons, ou plutôt à cause de toutes ces raisons, M. Léon Gozlan exige qu'on ne le nomme pas sur l'affiche, et qu'on ne joue la pièce qu'après qu'il l'aura transformée en nouvelle, qu'il va publier dans un journal et d'où elle aura l'air d'avoir été tirée.

Ce qui fut dit, fut fait. La nouvelle fut publiée pendant les répétitions, et sitôt le dernier feuilleton paru, le théâtre Beaumarchais annonça, puis joua le 7 juillet 1838, *Céline la Créole* ou *l'Opinion*.

Jusque-là rien que de bien naturel, et le fait rentrerait dans la collaboration anonyme dont nous venons de parler au chapitre précédent. Mais plus tard, en 1848, M. Gozlan, croyant la pièce jouée à Beaumarchais complétement inconnue ou suffisamment oubliée, la reprit, en changea le titre et deux ou trois scènes, et la fit représenter comme pièce nouvelle au théâtre de la Porte-Saint-Martin, sous le titre du *Livre noir*, avec M. Siraudin pour collaborateur anonyme. Un journaliste de l'époque fit l'observation que cette pièce était absolument la même que *Céline la Créole*. M. Gozlan répondit qu'ayant fait une nouvelle de ce titre, on lui avait pris son titre et son sujet et qu'on avait bien pu lui prendre aussi quelques phrases toutes faites. Mais, d'abord, pour que l'auteur connu de *Céline* eût pris, il eût fallu qu'il n'eût pas payé ; or, M. Gozlan avait touché moitié des droits, de même qu'il avait assisté aux dernières répétitions. En outre, prendre quelques phrases ou prendre tout le dialogue de cinq actes sont deux choses bien différentes; dans ce cas, M. Gozlan aurait donc pris à son tour la presque totalité du dialogue de M. Alboize, car entre les deux pièces, plus des trois quarts sont complétement identiques. Du reste, elles sont imprimées toutes les deux, on peut les lire et en juger.

Voyez: *Céline la Créole* ou *l'Opinion*, drame en cinq actes, tiré d'une nouvelle de M. Léon Gozlan, par M. Édouard Alboize, musique de M. Roger, représenté sur le théâtre Beaumarchais, le 7 juillet 1838, Paris : J.-N. Barba, Delloy, Bezou, *France dramatique*, 373 et 374ᵉ livraison, et le *Livre noir*, drame en cinq actes et six tableaux, par M. Léon Gozlan, musique de M. Pilati, décors de M. Devoir, représenté sur le théâtre de la Porte-Saint-Martin, le 10 octobre 1848. Paris : Michel Lévy frères, *Bibliothèque dramatique*, n° 143.

Nous nous rappelons un fait plus significatif encore. Nous demandions un jour à M. David Viallet, un des principaux acteurs de *Céline la Créole* :

« A quand la première représentation ? » Il nous répondit : « *On attend la publication du dernier feuilleton de Gozlan pour la donner sous le nom de M. Alboize seul.* »

Autre fait : M. Roger de Beauvoir prend dans Tallemant des Réaux le sujet d'une de ses nouvelles, et même il emprunte quelque chose comme huit lignes au vieux conteur. Puis MM. Auguste Lefranc, Eugène Labiche et Marc Michel, puisant à la même source, font un vaudeville intitulé *M. de Coislin* ou l'*Homme infiniment poli*, qui servit de pièce de début à Grassot, au Palais-Royal. Ces messieurs ont-ils réellement pris leur vaudeville dans Tallemant des Réaux? Nous en doutons et nous le croyons plutôt emprunté à la nouvelle de M. Roger de Beauvoir. Aussi ce dernier plaida-t-il pour toucher une part dans le produit du vaudeville en question. Les auteurs prétendirent vainement qu'ils avaient bien le droit de puiser à la même source que le romancier; on eut beau exhiber les huit lignes prises par M. Roger de Beauvoir dans Tallemant et reprises par les vaudevillistes au romancier, le tribunal déclara que, Tallemant n'ayant pas réclamé de droits d'auteur, les huit lignes étaient devenues la propriété de M. de Beauvoir ; que les vaudevillistes n'avaient pas le droit de les lui prendre ou de les prendre après lui dans Tallemant ; en conséquence, il les condamna à partager leurs droits avec le dernier auteur de la nouvelle. Voilà pourquoi cette joyeuse trinité, Lefranc, Labiche et Marc Michel, porta pendant quelques années, et cela collectivement, le pseudonyme de Paul Dandré.

Heureux juges du tribunal de commerce ! comme ils interprètent la littérature et les arts !

Résumons-nous donc. Dans ce genre de collaboration, tout ce qui est traduction est utile, nécessaire, et d'autant plus méritoire qu'il y a moins de gloire à acquérir. Pour ce qui est de la translation en vers des œuvres en prose, que ce soit l'*Avare* ou *Télémaque*, nous la trouvons inutile, niaise et au besoin inconvenante. Pourquoi changer l'œuvre d'un auteur, contre sa volonté première? S'il l'a faite en prose, c'est qu'il l'a voulue en prose. S'il se trouve un écrivain qui n'ait que le piètre talent de rimailler sur la prose d'un autre, qu'il s'associe avec un auteur qui aura l'invention, et en réunissant leurs efforts ils arriveront peut-être à produire, sinon quelque chose de nouveau, du moins une œuvre moins connue et qui posera mieux leur individualité.

Quant aux autres collaborations forcées, l'intérêt et la spéculation en font la base, la sottise et l'ignorance les ordonnent, le manque de goût du public les rend nécessaires au point de vue mercantile. Et, au lieu que l'homme de lettres donne le ton et forme le goût des masses, il est forcé de suivre à la remorque cette masse qui ne juge plus rien par elle-même, qui achète son jugement tout fait dans le premier journal venu et qui applaudit de confiance sur un nom, quand parfois elle s'occupe du nom de l'auteur. Avec un tel système, on ne fait pas d'œuvres durables, mais on peut obtenir promptement des succès éphémères et l'argent gagné l'est toujours bien. L'on n'a plus des hommes de lettres, l'on n'a que des marchands de lignes.

Se laisser imposer un collaborateur, le subir, c'est de l'improbité morale, c'est nier la responsabilité de son œuvre. C'est être un père dénaturé qui n'aime pas son enfant, parce qu'il est bossu ou contrefait. Rien ne force un homme à écrire un roman, une pièce de théâtre, une chanson même. S'il le fait, c'est par vocation ou c'est une distraction qu'il se procure. S'il veut les faire connaître, libre à lui, mais faire d'un délassement de l'esprit un commerce qui doit rapporter tant par jour, tant par mois, ce n'est plus l'art qui sert de guide, c'est le métier qui déborde. Arrière donc, et chassons les marchands du temple!

CINQUIÈME PARTIE

Collaboration factice

XVI

Il est une chose pénible, c'est que, par amour-propre, et plus souvent par intérêt, il y ait des hommes qui signent des œuvres auxquelles ils n'ont pas travaillé, ou qui se laissent attribuer des productions qu'ils savent parfaitement n'avoir jamais composées soit en totalité, soit en partie.

Qu'était-ce ce que la prétendue collaboration de Brueys et Palaprat? L'exploitation d'un nom par un autre. Brueys n'habitait pas Paris; il envoyait ses pièces à Palaprat qui les faisait représenter et se laissait attribuer une part de la gloire de son commettant. Il avait donné seul le *Concert ridicule*, le *Ballet extravagant* et le *Secret révélé*, et lorsque Brueys lui envoya le *Grondeur*, la pièce n'était qu'en un acte. Voulant avoir sa part dans cette pièce, il la refit en cinq actes, et Brueys irrité s'écria : *Le malheureux, il a fait un tourne-broche de ma pendule*, et, reprenant sa pièce, il chercha un terme moyen. Il la mit en trois actes, mais Palaprat voulant être au moins pour quelque chose dans cette pièce écrite en prose, y fit un prologue en vers intitulé les *Sifflets*, lequel est bien de lui seul. Sa seule collaboration avec Brueys serait donc le *Muet*, et qu'était-ce que le *Muet?* Une traduction de l'*Eunuque*, de Térence, qu'il aurait, lui, arrangée pour la scène française. Toutes les autres pièces jouées de Brueys sont de lui seul : l'*Important*, les *Empiriques*, *Gabinie*, l'*Avocat Patelin* et l'*Opiniâtre*. Une autre preuve vient s'ajouter à notre dire. Brueys avait fait représenter seul le *Sot toujours sot* ou le *Marquis paysan*, comédie en un acte et en prose, le 3 juillet 1693. Mais, après sa mort, la famille de Brueys ayant retrouvé dans ses papiers une autre version de cette pièce, version dont il avait envoyé une copie à Palaprat, ce que la famille ignorait sans doute, elle l'envoya à Dancourt qui la mit en cinq actes et en vers, et la fit représenter sous le titre de la *Belle-Mère*, le 21 avril 1725. Aussitôt, la famille de Palaprat, mort deux ans avant Brueys, veut faire jouer cette même pièce que son ami lui avait confiée et le même jour de la même année où Dancourt faisait représenter la *Belle-Mère*, la Comédie Italienne représentait la *Force du sang* ou le *Sot toujours sot*, comédie en trois actes et en prose de M. Palaprat.

On n'a du reste qu'à comparer les deux théâtres

pour comprendre qu'ils ne pouvaient être collaborateurs sérieux. Les pièces de Brueys, qui n'ont pas été représentées, sont bien de lui seul, personne ne le conteste, et nous trouvons *Asba, Lisymachus,* les *Embarras du derrière du théâtre* et les *Quiproquo* qui ressemblent bien exactement à ses pièces jouées. Quant aux pièces de Palaprat seul, on n'en donne rien à Brueys. *Arlequin Phaëton,* la *Fille de bon sens,* la *Prude du temps, Hercule et Omphale* et le *Triomphe de l'Hiver,* ne ressemblent aucunement aux pièces de Brueys. Les deux genres ne sauraient être plus tranchés et les succès de même. Palaprat s'est donc paré des plumes du paon, ou du moins il s'est laissé attribuer une gloire qu'il ne méritait pas : c'est là de la collaboration factice.

Le président Dupuis fit représenter au Théâtre Français une tragédie de *Tibère,* le 13 décembre 1726, et le président Dupuis n'y avait rien fait. C'était une pièce de collége du père Follard, à laquelle l'abbé Pellegrin ajouta un rôle de femme, pour la somme de dix écus, ce qui motiva l'épigramme suivante :

>Pourquoi vouloir de ce Tibère
>Blâmer le président Dupuy?
>Si sous son nom il n'a pu plaire,
>Aurait-il plus plu sous celui
>De celui qui, pour le lui faire,
>A reçu dix écus de lui?

Nous tenons dans ce moment une pièce qui fut le triomphe du comédien Fleury, *Auguste et Théodore* ou les *Deux Pages*. Cette pièce est signée par MM. Dezède et B. D. M., et ceci est encore une collaboration factice. La pièce est du baron de Manteuffeld seul. Il l'avait composée en opéra comique, et M. D. Z., compositeur suédois, dont le nom n'est jamais parvenu jusqu'à nous, mais que l'on nomme indifféremment Dezéde ou Desaide, en avait fait la musique. Lorsque mademoiselle Contat demanda cette pièce pour le Théâtre Français, l'auteur y consentit, mais, pour dédommager le compositeur de sa partition perdue, le baron de Manteuffeld lui laissa signer la pièce et toucher les droits.

M. Debilly a fait jouer et imprimer avec Armand, dit Séville, *Un quart d'heure dramatique*, 30 août 1804, et *J'essaye*, monologue vaudeville, 25 octobre 1804, pièces du théâtre des Jeunes Artistes, et M. Debilly a donné pour chacune d'elles cent francs à M. Armand Séville (qui les avait composées lui seul), pour avoir le droit d'y mettre son nom; nous tenons le fait de l'auteur lui-même.

M. J. B. Gondelier, imprimeur du passage du Caire, a son nom sur quatre pièces dont il n'a jamais écrit une ligne, ce sont : le *Dilettante* ou le *Siége de l'Opéra*; *Paris et Bruxelles* ou le *Chemin à la mode*; le *Courrier des Théâtres* ou la *Revue à franc-étrier*; et la *Girafe* ou une *Journée au Jardin du roi*. C'est M. Gondelier qui, le soir de la première représentation de la *Mère au bal et la Fille à la maison* se trouvant au café du théâtre du Vaudeville, répondait à ceux qui lui demandaient s'il était de la pièce nouvelle : « Je ne sais pas encore; j'attends Théaulon et j'ai apporté un billet de mille francs pour en être. » Le but de M. Gondelier était d'avoir ses entrées dans les coulisses.

Scribe touchait un droit pour la *Favorite*, et n'y avait certainement rien fait. C'était un dédommagement pour avoir permis à Donizetti de reprendre la partition faite sur son opéra le *Duc d'Albe*, pour l'adapter aux paroles de MM. Royer et Vaëz.

De même, M. Mazères touche un droit pour l'opéra le *Serment* ou les *Faux Monnayeurs*, sans y avoir travaillé. Voici le fait : un jour qu'il se trouvait chez M. Scribe, il raconta l'anecdote de Turenne surpris par des faux monnayeurs et laissé libre sur sa parole. Il dit en terminant : « *Il y aurait quelque chose à faire avec cela*, » et Scribe répondit : « *Il y a longtemps que je connais l'anecdote et je n'y ai jamais pensé ; mais je verrai.* » L'affaire en resta là.

Longtemps après, M. Scribe utilisa l'anecdote en question pour faire son opéra du *Serment*. M. Mazère, de retour à Paris, apprenant les répétitions de cette pièce et désireux d'avoir ses entrées à l'Académie royale de musique, écrivit à M. Scribe : « *J'exige ma part de collaboration dans la pièce que* » *vous faites répéter, mais je ne veux pas être nommé.* » *Je n'y ai rien fait, cela est vrai, mais j'aurais pu en* » *être, car c'est moi qui vous ai raconté ce qui forme le* » *fond de votre pièce*, etc. » Voilà pourquoi le *Serment*, sur l'affiche de l'Opéra, porte : par M. Scribe et ***.

Un M. Ulric Lemaire a donné deux cents francs à M. Edouard Montagne pour mettre son nom sur l'affiche à côté de celui de M. Dunan-Mousseux, pour le vaudeville le *Royaume du Poëte*, joué au théâtre Beaumarchais, le 8 décembre 1858.

M. de Maurepas se laissait attribuer la paternité de *Janot* ou les *Battus payent l'amende*, et lorsqu'on lui en faisait le compliment, il ne disait ni oui ni non. Mais si on lui contestait cette paternité, il rappelait avec plaisir qu'il était, avec le comte de Caylus, un des auteurs des *Étrennes de la Saint-Jean*.

En 1822, M. Vernoy, marquis de Saint-Georges, était bien jeune et n'avait ni la réputation ni la position qu'il occupe aujourd'hui. Il avait présenté à M. Scribe une petite pièce fondée, croyons-nous, sur une partie de lansquenet. Un matin, avant de déjeuner, et devant quelques amis, Scribe lui dit que sa pièce était impossible; « que *lorsqu'on voulait baser son sujet sur un jeu de société, il fallait choisir un jeu en vogue à l'époque où l'on doit jouer la pièce. Que n'avez-vous pris, lui dit-il, l'Écarté ?* » Puis, s'animant au fur et à mesure qu'il parlait, il construisit le plan d'une nouvelle pièce, en déroula l'intrigue, détailla tout ce qu'on pourrait faire et dire, si bien que les auditeurs charmés s'écrièrent: « Mais, cher maître, la voilà toute faite la pièce! — *Tiens! c'est vrai*, dit Scribe, *j'y penserai; allons déjeuner!* » Peu de temps après, le 15 novembre 1822, le théâtre du Gymnase, représentait l'*Écarté* ou un

Coin du Salon. M. de Saint-Georges fut nommé, mais il n'avait fait autre chose que de provoquer l'improvisation du scenario.

Dans le cours de sa carrière dramatique, M. Ferdinand Laloue s'était associé avec M. Simonin. Ils firent ensemble pas mal de petites pièces, mais dans ce même moment Laloue rédigeait encore la *Quotidienne.* Dans le haut du journal, il rendait compte des séances de la chambre; dans le rez-de-chaussée, il encensait ou critiquait les nouveautés théâtrales, sans oublier, comme de raison, de dire beaucoup de bien de celles auxquelles il mettait son nom. Mais les jaloux, les envieux disaient que son journal l'occupait trop, qu'il ne pouvait avoir le temps de faire des vaudevilles, et enfin on fit contre lui le couplet suivant :

> Il faut qu'on l'avoue,
> L'ouvrage est parfait;
> La pièce qu'on joue,
> Produit son effet;

Ferdinand Laloue,
La loue (bis).
Ferdinand Laloue,
Mais Simonin la fait.

Nous ne parlerons pas de la collaboration attribuée à Louis XVI pour la *Caravane du Caire ;* nous n'y croyons pas. Louis XVI était plutôt serrurier qu'homme de lettres. Il n'a pu même fournir le plan de cet opéra, car le plan de cet opéra est pris d'un ballet de Dauberval, représenté à Turin, en 1757, et intitulé la *Foire de Smyrne.*

Il en est de même de la collaboration supposée de Louis XVIII à la *Famille Glinet,* de Merville. Quoique plus probable, elle n'est pas plus réelle ; Louis XVIII passait pour un littérateur, il y a même un petit volume dans lequel on trouve des poésies qui lui sont attribuées, entre autres cet impromptu sur le Palais-Royal.

Séjour et des jeux et des ris,
Ce beau palais où tout abonde,

Est précisément dans Paris,
Ce que Paris est dans le monde.

La pièce de la *Famille Glinet* ou les *Premiers temps de la Ligue*, venait d'être défendue par la censure; c'était à l'époque de la terreur blanche. Louis XVIII voulait arrêter cet élan de réaction. Il demanda à lire la pièce, le manuscrit lui fut remis. Le *permis de jouer* fut écrit de sa main. Il y ajouta, dit-on, une ou deux corrections plus littéraires que politiques. Si cela suffit pour être collaborateur, autant vaudrait alors accorder une part de collaboration à Louis-Philippe pour la comédie de la *Camaraderie* de M. Scribe, reçue dans les mêmes conditions.

Il en est encore de même de la prétendue collaboration de madame la duchesse de Berry au petit vaudeville enfantin du *Sortilége naturel*, de M. Vanderburch. Cette pièce, prise dans Berquin, fut indiquée à M. Comte par la duchesse qui, d'après ce dernier, aurait retouché et rajeuni la pièce à laquelle M. Vanderburch n'aurait mis que des couplets. Tout cela, flatterie et courtisanerie!

Ah! si Castil-Blaze était encore vivant, il ne manquerait pas d'admettre cette collaboration, lui qui place Gluck parmi les auteurs de paroles d'opéras, pour quatre vers qu'il avait ajoutés à la fin d'*Iphigénie* et dont il avait besoin pour son air.

XVII

Les metteurs en scène, les machinistes, les clowns, qui se posent comme auteurs d'une pièce et mettent leur nom sur l'affiche, sont-ils des littérateurs ? Que signifient les noms de M. Fanfernot pour une férie de Cirque, de M. Laurent pour les *Pillules du Diable*, de M. Varez, l'un des doyens des auteurs, qui se croyait le collaborateur de Victor Ducange pour *Calas*, *Thérèse* et *Élodie*, parce qu'il a mis ces

pièces en scène et qu'il y a peut-être ajouté un *Ah!
mon Dieu!* nécessaire pour donner le temps à un
acteur de faire son entrée? Sont-ce des écrivains?
Non. C'est un moyen de rétribution pour des services rendus. Mais pourquoi ne pas nommer aussi
comme auteurs, le décorateur, le machiniste, le cos-
tumier, l'habilleuse, le coiffeur, et jusqu'à ceux qui
balayent la scène? Le directeur n'aurait plus à les
payer, ils partageraient tous sur les droits d'auteurs et finiraient par croire qu'ils ont fait la
pièce!

Parmi ceux qui ont eu cette idée toute leur vie, il
faut citer L. J. Solomé, longtemps régisseur ou directeur au Panorama, aux Français, à l'Opéra, à
Lyon, Bordeaux, Marseille, Bruxelles, etc. Il avait si
bien la conviction d'avoir fait toutes les pièces dont
nous allons donner la liste que dans une parodie
du *Jugement de Salomon*, jouée à Marseille, parodie de Bonel et Villiers, mais arrangée ou plutôt
dérangée par toute la troupe, on nommait, à la fin de

la pièce les soi-disants auteurs, dans ce couplet sur l'air : *En quatre mots.*

> Quoi qu'imparfait,
> Cet ouvrage fut fait
> Par Solomé, par Mairet,
> Aidés de Jolivet!
> Il faut encor que je cite
> Leur camarade Hippolyte,
> Dauteuil, Saint-Albin,
> Jeault, Saint-Aubin !
> Que vous dirais-je enfin ?
> Barré prêta la main;
> Du jour au lendemain
> Pour parodier leur voisin
> Tous se sont mis en train !

Feu Solomé, qui ne savait pas même les premières notions de l'orthographe, a copié de sa main et réuni en plusieurs volumes reliés, les pièces suivantes qu'il croyait avoir composées : *Colin et Lucelle* ou *la Parure inutile*, vaudeville en deux actes, de Gaudy, dit Saint-Preux; *Épreuves et Bienfaits* ou la *Voyageuse*, vaudeville en un acte, de deux auteurs inconnus, ainsi que le prouve le couplet suivant, chanté à la fin de la pièce, au public, qui demandait l'auteur. (Air : d'*Arlequin afficheur*.)

> De deux pères c'est un enfant,
> Abandonné dès sa naissance,
> Vous ne verrez pas un parent
> Réclamer sur son existence.
> Craignant de le voir mal tourner,
> Et doutant de son caractère,
> Aucun d'eux n'a voulu signer
> Son extrait baptistère.

Puis viennent :

Kokoly, calife de Bagdad ou *mes Nouvelles Aventures*, pièce en deux actes, de Plancher-Valcour, dérangée ;

La *Paix* ou la *Nouvelle inattendue*, vaudeville en un acte, de Bonel ;

Pygmalion aux Martigues, vaudeville en un acte ;

Le *Pouvoir de l'Amour* ou les *Métamorphoses d'Arlequin*, pantomine-féerie en deux actes ;

Marseille en miniature, vaudeville en huit tableaux, de deux auteurs anonymes ;

Thérèse et Faldoni ou le *Délire de l'Amour*, drame en trois actes, de Hapdé, qu'il a seulement mis en scène ;

Jean Flebergue ou l'*Homme de la Roche*, drame en trois actes, de Hapdé, mis en scène ;

Monsieur Griffet ou le *Seigneur reconnaissant*, vaudeville en un acte ;

Le *Mariage de Cendrillon* ou *Simplicité, Constance*, féerie-vaudeville en trois actes, de Théaulon, mise en scène !

Encore une Cendrillon ou la *Plus petite de toutes*, vaudeville en un acte, de Monperlier ;

La *Bataille de Clostercamp* ou la *Mort du chevalier d'Assas*, mélodrame en trois actes, d'Alexis Dubois, arrangé ou dérangé ;

Paul et Virginie ou le *Naufrage*, pantomime en trois actes ;

L'*Ile des Regrets*, vaudeville en un acte ;

La *Fête du Roi*, vaudeville en un acte ;

Le *Prince de Lyon* ou le *Règne d'une minute*, mélodrame en trois actes, de Théaulon, mis en scène;

Aladin ou la *Lampe merveilleuse*, ballet-pantomime-féerie en trois actes;

L'*Enfant sauvage*, ballet-pantomine en un acte;

Le *Déserteur*, ballet de Dauberval, remis en scène;

La *Conquête de la Toison d'or*, pantomime pyrotechnique, de Poulet, au Jardin de Tivoli;

Le *Siége de Constantinople* ou la *Flotte incendiée*, pantomime pyrotechnique, de Poulet, au Jardin de Tivoli;

Annette et Lubin, pantomine de Dauberval, remise en scène;

La *Fille mal gardée*, pantomime de Dauberval, remise en scène;

Jenny ou le *Mariage secret*, pantomine d'Aumer, remise en scène;

L'*Otage* ou la *Vertu persécutée*, fait historique, en un acte;

Le *Siége de Constantine*, pantomine militaire, en trois tableaux;

En pénitence, vaudeville en un acte, d'Anicet Bourgeois, arrangé pour une pension.

N'est-ce pas là de la collaboration factice et quelquefois forcée ?

Les imprimeurs, les libraires-éditeurs, les spéculateurs qui avancent de l'argent à l'auteur de la pièce avant sa représentation, ceux qui achètent les droits entiers, les acteurs auxquels on donne tous les droits ou des parts de droits pour faire réussir une pièce ou pour la soutenir plus longtemps au théâtre, tout cela, autant de collaborations factices! Elleviou touchait les droits entiers pour *Délia et Verdikan*, Martin touchait moitié pour l'*Habit du chevalier de Grammont*, etc., etc

Pour les pièces signées Frédérick Lemaître, le *Prisonnier amateur* est de MM. Armand Dartois, Hyacinthe Decomberousse et Ferdinand Laloue; le *Vieil Artiste* ou la *Séduction* est de MM. Chavanges, Alexis Decomberousse et Théodore Maillard; le *Chasseur noir* est de MM. Benjamin Antier, Théodore Nézel et Armand Overnay; enfin, *Robert Macaire* est de MM. Benjamin Antier, Amand Lacoste, dit Saint-Amand, Armand Overnay et Maurice Alhoy.

Pour cette dernière pièce, M. Fréderick Lemaître qui l'avait bien et dûment payée, avait une raison que voici. Les directeurs de la Porte-Saint-Martin, de l'Ambigu et de la Gaîté, s'étaient coalisés, et, sous peine d'un dédit de dix mille francs, nul d'entre eux ne devait engager, à aucun prix, le grand acteur dont ils redoutaient les exigences. Mais ils n'avaient pas pensé à mettre dans leur association le directeur du théâtre des Folies-Dramatiques. Ils ne pouvaient présumer que Frédérick pût descendre sur cette scène, plus infime alors qu'elle ne l'a été depuis. M. Frédéri

donc faire la suite de l'*Auberge des Adrets*, sous le titre de *Robert Macaire*, paya la pièce aux auteurs pour en être seul propriétaire, loua la salle des Folies-Dramatiques en représentation, y joua la pièce avec le succès que chacun sait, et refusa toutes les offres qui lui furent faites pour l'impression, se réservant de porter le manuscrit en province, de ville en ville, et d'y remplir le principal rôle.

Mais Barba avait fait sténographier la pièce, et sitôt Frédérick parti de Paris, il donna de l'argent à MM. Antier et Saint-Amand, et la fit imprimer sous leurs deux noms, en ajoutant celui de M. Frédérick Lemaître en troisième; il en résulta que, dans une certaine ville où M. Frédérick Lemaître comptait offrir et le manuscrit et son talent pour l'interpréter, il apprit que la pièce avait été jouée. On lui montra la brochure, il revint à Paris, attaqua Barba et gagna son procès; mais sa tournée en province était perdue, et il dût entrer au théâtre des Variétés qui n'était pas dans la coalition.

Les exemplaires saisis de la pièce de *Robert Macaire*, furent détruits, et voilà pourquoi cette pièce, éditée au prix de soixante centimes, est si chère aujourd'hui!

Quant à Odry, il était encore moins auteur que

Frédérick. Les pièces signées de lui sont au nombre de trois, dont une seule est imprimée ; certainement il n'y a rien fait, pas plus qu'il n'a fait le poëme des *Bons Gendarmes*, lequel est de Dumersan. Voici les titres et les auteurs de ces trois pièces : le *Comte Odry*, par Jouslin de la Salle et Vanderburch, la *Bande joyeuse*, par MM. Achille Dartois et Dupin, et la *Voix de Duprez*, ou le *Sirop musical* par MM. Ferdinand Langlé et Frédéric de Courcy.

Lors de la direction de M. Armand Dartois, au théâtre des Variétés, presque tous les auteurs étaient forcés de subir la collaboration d'un des frères Dartois, ou pour mieux dire, de lui accorder une part des droits de leurs pièces. De par la société des auteurs, M. Armand Dartois ne pouvant pas travailler pour son théâtre, faisait partager à son frère, M. Achille Dartois, une part pour des pièces auxquelles il n'avait pas travaillé et pour lesquelles il ne se nommait pas.

Prenons seulement deux années de ce théâtre.

Nous trouverons, en 1833 et 1834, les pièces suivantes pour lesquelles M. Dartois est mentionné au catalogue des agents des auteurs. Il n'a mis son nom ni sur l'affiche ni sur la brochure :

La Parfumeuse de la Cour, de MM. Dupin et d'Épagny;

Le Baptême du petit Gibou, de Dumersan et Jaime;

Tigresse Mort-aux-Rats, de Dupin et Saint-Georges;

Étienne et Robert, de Deslandes et Didier;

Monsieur Moufflet, de L. Halévy et Jaime;

L'Assassin, de Jaime et Lauzanne;

Les Actualités, de Brazier et Dumersan;

La Modiste et le Lord, de Deslandes et Didier;

Le Sauveur, de L. Halévy et Lhérie;

La Chambre de Rossini, de Merle et Simonnin;

Le Mentor faubourien, de Dumanoir et Jaime;

Les Boutiquiers, de Dumersan;

L'Aiguillette bleue, de Jaime et Masson;

L'Apprenti ou l'Art de faire une maîtresse, de Cogniard frères et Dennery;

La Gueule de Lion, de Brunswick et Barthélemy Jarnet;

Les sept Péchés capitaux, de Leuven et Lhérie;

Gribouille, de Dumanoir et Rochefort;

Les Immoralités, de Dumersan;

L'Ecole des Ivrognes, de Deslandes et Didier;

Monsieur Malborough, de Dumersan;

La jolie Voyageuse ou les *deux Giroux*, de Rosier.

Total: 21 pièces en deux ans! Vingt et une pièces auxquelles MM. Dartois n'ont pas travaillé, mais pour lesquelles ils touchaient des droits! Vingt et une pièces d'auteurs connus par des succès, à l'exception de MM. Deslandes et Didier qui débutaient alors, d'auteurs qui ont consenti, qui ont dû consentir à cette condition, sous peine de ne pas être joués! Et voilà pourquoi la société des auteurs dramatiques défend au directeur-auteur de faire des pièces pour son théâtre! Le remède est pire que le mal.

XVIII.

M. Armand Ragueneau, auteur de quelques vaudevilles et de l'*Annuaire dramatique* de 1805 à 1822, touchait des droits d'auteurs pour sept pièces auxquelles, il nous l'a certifié lui-même, il n'avait jamais travaillé. Ces pièces sont : *Il faut un mariage*, de Brazier et Henrion, *Je débute* ou l'*Amateur tout seul*, de Rougemont, le *Retour* ou *Ils arrivent*, de Rougemont, *Saakem* ou le *Corsaire*, de Bernos, *Un Quart d'heure d'un Sage*, de Léger et Servières, les

Petits Ricochets, de Aude neveu et Décour, et la *Vaccine*, de Pillon et Philibert Mouton. M. Ragueneau touchait ces droits comme éditeur, car Armand-Henri Ragueneau de la Chesnaie, né à Paris le 16 janvier 1777 et mort à Paris le 28 mars 1856, avant d'être sous-contrôleur de la maison de l'empereur Napoléon Ier, avait été libraire-éditeur et imprimeur. M. Auguste Maquet, d'après le catalogue des agents des auteurs, touche une part de droits pour les pièces suivantes de M. Alexandre Dumas : *Intrigue et Amour*, *Hamlet*, le *Comte Hermann*, la *Chasse au Chastre*, le *Capitaine Lajonquière*, et la *Barrière Clichy*. Or, lui-même nous a prié de rayer ces pièces de son répertoire. « *Je n'y ai rien* » *fait*, nous disait-il, *et si je touche une part de droits,* » *c'est par suite d'une question d'argent à régler.* »

Bien différent en cela de certain romancier-dramaturge que l'on invitait à aller voir la dernière répétition d'un drame à l'Ambigu, drame auquel il devait mettre son nom, et qui répondait : « Je

» *n'ai pas besoin de connaître la pièce, pourvu que je*
» *sois nommé et que je touche ma part, le reste ne me*
» *regarde pas.* »

Qui connaît comme auteurs MM. Alix, Porcher, Riga, Masse, Maldan, Touchard, Barba, Tresse, Lévy, Giraud, Dagneau, Bezou, Mifliez, Beck, Réjus et tant d'autres qui, tous, mentionnés comme touchant des moitiés, des tiers ou des quarts de droits, se trouvent ainsi les collaborateurs factices des véritables auteurs et ne sont là que pour avoir avancé des fonds ou édité des pièces?

Mais, nous dira-t-on, ce sont des conventions particulières qui ne doivent pas occuper le public. D'accord! mais quand nous voyons un auteur connu toucher les droits avec un autre, nous, qui ignorons les faits particuliers, nous croyons qu'ils sont deux pour avoir fait la pièce. Et dans cinquante ans d'ici, dans cent ans même, un chercheur, récapitulant le bilan dramatique du siècle précédent, et possédant un de ces catalogues en main, ne dira-t-il pas :

« *Saakem ou le Corsaire*, est de MM. Bernos et Ra-
» gueneau; le *Comte Hermann*, est de MM. Alexandre
» Dumas et Maquet; les *Immoralités* sont de MM. Du-
» mersan et Achille Dartoïs; *Mademoiselle Lange* est
» de MM. Jacques Arago, Porcher et Alix; *Par les*
» *Fenêtres*, est de MM. Amédée Achard et Masse, etc., »
absolument comme M. de Soleinne, d'après le
même catalogue, mettait sous les noms d'Audinot
et Arnould presque toutes les pièces, de Sedaine
de Sarcy, de Labussière, de Regnard de Plein-
chesne, de Gabiot, de Salin et de quelques autres.

En résumé, la collaboration franche, loyale, honnête n'existe plus que rarement, et tend à dispa-
raître pour faire place à la spéculation et à l'intérêt.
Si les auteurs qui nous ont précédés pouvaient
revivre de nos jours, Voltaire réclamerait un droit
de collaboration à plusieurs tragédies de Marmontel
et à celles de l'abbé Linant, pour leur avoir donné
des conseils et refait quelques vers; Cyrano de
Bergerac réclamerait à Molière une part de droits

et son nom, pour lui avoir fourni quelques lignes et quelques idées. Cela rapporterait de l'argent à défaut de réputation, car aujourd'hui qui travaille purement pour la gloire? Hélas! bien peu de gens ont cette sublime faiblesse!

Bien certainement malgré elle, la société des auteurs dramatiques a fait entrer l'industrie dans l'art. A quand la réaction!!!

FIN

www.ingramcontent.com/pod-product-compliance
Lightning Source LLC
Chambersburg PA
CBHW052257220526
45471CB00001B/373